Blandine Labati

OUBLIER POUR PRÉVENIR ?

Réflexions sur la récidive sexuelle en droit pénal comparé franco-canadien

L'Harmattan

Le titre originel de ce mémoire, tel que soutenu pour l'obtention du diplôme de Master 2 mention Droit pénal et sciences criminelles, parcours Droit pénal comparé, pour l'année universitaire 2024-2025, et tel que présenté au jury de remise du prix du meilleur mémoire de l'Institut des Sciences Criminelles et de la Justice (ISCJ) de l'Université de Bordeaux, est le suivant :

« De la mémoire à l'oubli, prévention de la récidive sexuelle et enjeux de stigmatisation – Réflexions en droit pénal comparé franco-canadien »

Ce mémoire a été réalisé en partenariat avec l'Université de Montréal, sous la codirection de Madame **Marion LACAZE**, maître de conférences en droit privé et sciences criminelles à la Faculté de Droit et de Science Politique de l'Université de Bordeaux, et de Madame **Chloé LECLERC**, professeure agrégée à l'École de criminologie de l'Université de Montréal et directrice du Centre International de Criminologie Comparée (CICC).

Les opinions exprimées dans ce mémoire sont propres à leur auteur et n'engagent pas l'Université de Bordeaux.

5-7, rue de l'École-Polytechnique – 75005 Paris
www.editions-harmattan.fr
ISBN : 978-2-336-60414-5
EAN : 9782336604145
Dépôt légal : juillet 2026

REMERCIEMENTS

Je tiens tout d'abord à exprimer ma plus profonde et sincère gratitude à Madame Marion LACAZE, directrice du Master 2 Droit pénal comparé à l'Université de Bordeaux, pour sa très grande disponibilité, ses conseils avisés, sa rigueur intellectuelle et son accompagnement bienveillant tout au long de la rédaction de ce mémoire. Sa confiance et sa guidance ont été essentielles dans la maturation de cette réflexion.

Je remercie aussi très chaleureusement Madame Chloé Leclerc, directrice du Centre international de criminologie comparée de l'Université de Montréal, pour son accueil et sa disponibilité constante. La qualité de nos échanges et son attention bienveillante ont profondément enrichi mes recherches et contribué à ma réussite, rendant cette expérience académique aussi formatrice qu'inspirante.

Je tiens également à adresser mes sincères remerciements à toutes les personnes – enseignants et étudiants – rencontrées au cours de cet échange, dont les discussions, souvent informelles mais toujours stimulantes, ont élargi mes perspectives et enrichi ma pensée. Leur curiosité intellectuelle, leur écoute attentive et leurs retours constructifs ont joué un rôle précieux dans la construction de ce travail.

Je remercie aussi de tout cœur mes parents et ma famille pour leur soutien indéfectible, leur confiance et la liberté qu'ils m'ont toujours laissée de suivre mes envies, de découvrir, d'apprendre et d'expérimenter, en France comme à l'étranger, et pour leur présence constante et rassurante.

SOMMAIRE

PARTIE 1 : UNE MÉMOIRE PENALE HYPERTROPHIÉE..35

CHAPITRE 1 : LES STIGMATES JUDICIAIRES D'UNE CONDAMNATION PENALE..37

Section 1 : Le casier judiciaire comme archive active de la sanction..37

Section 2 : Sanctions pénales et stigmatisation secondaire..70

CHAPITRE 2 : FICHIERS ET DERIVE SECURITAIRE...........89

Section 1 : Essor et spécialisation du fichage de la délinquance sexuelle..91

Section 2 : Fichiers et prévention du risque, de la culpabilité à la dangerosité présumées.................110

PARTIE 2 : L'EFFACEMENT D'UN PASSÉ PÉNAL STIGMATISANT..127

CHAPITRE 1 : L'AUTOMATICITE COMME CONSECRATION D'UN DEVOIR DE L'OUBLI..129

Section 1 : Le dissensus sur l'effacement automatique..129

Section 2 : Les exceptions aux principes respectifs..142

CHAPITRE 2 : LA MISE EN ŒUVRE COMPROMISE D'UN DROIT INDIVIDUEL A L'OUBLI..155

Section 1 : La consécration d'un droit à l'oubli limité..155

Section 2 : Les défis contemporains de la mise en œuvre du droit à l'oubli..170

PRINCIPALES ABRÉVIATIONS ET ACRONYMES

AJ Famille	*Actualité juridique de droit de la famille*
AJ Pénal	*Actualité juridique de droit pénal*
AJDA	*Actualité juridique de droit administratif*
art.	article
ASRSQ	*Association des services de réhabilitation sociale du Québec*
Ass.	assemblée
Bull.	*Bulletin*
Bull. crim.	*Bulletin des arrêts de la Chambre criminelle de la Cour de cassation*
c.	contre
C. crim.	*Code criminel* (Canada)
CA	Cour d'appel
Cass.	Cour de cassation
CDPDJ	*Commission des droits de la personne et des droits de la jeunesse*
CE	Conseil d'Etat
CEDH	Cour européenne des droits de l'Homme
CGFP	Code général de la fonction publique
ch.	chambre
CJN	Casier Judiciaire National
CJPM	Code de la justice pénale des mineurs
CJUE	Cour de justice de l'Union européenne
coll.	collection
comm.	commentaire
Cons. const.	Conseil constitionnel
contra	contraire

Conv. EDH	Convention de sauvegarde des droits de l'homme et des libertés fondamentales
CP	Code pénal (France)
CPIC	(Canadian Police Information Center) *Centre canadien des renseignements policiers*
CPP	Code de procédure pénale (France)
D.	*Recueil Dalloz*
D. actu.	*Dalloz Actualité*
DDHC	Déclaration des droits de l'homme et du citoyen du 26 août 1789
dir.	Direction
éd.	édition
GRC	Gendarmerie Royale du Canada
infra	ci-dessous
JCl.	*JurisClasseur*
JO	*Journal officiel*
JOUE	*Journal officiel de l'Union européenne*
n°	numéro
obs.	observations
opt. cit.	*opere citatio* (à l'endroit cité précédemment)
p.	page
par.	paragraphe
pp.	pages
PUF	Presses universitaires de France
Rec.	recueil
RGPD	Règlement général sur la protection des données
Rép. pen.	*Répertoire de droit pénal et de procédure pénale*
RPDP	*Revue pénitentiaire et de droit pénal*

RSC	*Revue de sciences criminelles et de droit pénal comparé*
s.	suivants
supra	ci-dessus
t.	tome
TJ	Tribunal judiciaire
V.	voir
vol.	volume

« Si l'effort est trop grand pour la faiblesse humaine
De pardonner les maux qui nous viennent d'autrui,
Épargne-toi du moins le tourment de la haine,
À défaut du pardon, laisse venir l'oubli. »[1]

Alfred de Musset

[1] MUSSET, A., *La Nuit d'octobre*, 1837, (vers 201-205).

INTRODUCTION

1. Accroche générale. « *[L'homme] s'étonne aussi de lui-même, de ne pouvoir apprendre l'oubli et de toujours rester prisonnier du passé. (...) L'instant, aussi vite arrivé qu'évanoui, aussi échappé du néant que rattrapé par lui, revient cependant comme un fantôme troubler la paix d'un instant ultérieur.* »[1]. Cette conception du bonheur selon Nietzsche qui veut que « *toute action exige l'oubli* » et qu'il soit « *possible de vivre, et même de vivre heureux, presque sans aucune mémoire* », fait de l'oubli une condition même de vie en ce qu'il est, en son sens « *absolument impossible de vivre sans oubli* »[2]. Quelle vie s'offre alors aux individus judiciarisés qui trainent derrière eux les traces souvent indélébiles d'un passé pénal douloureux, et doivent sans cesse affronter les fantômes d'une condamnation stigmatisante dans un processus de réinsertion déjà largement assez complexe ? Il existe aujourd'hui en droit, et particulièrement en droit pénal, un réel malaise dans la nécessité de concilier enjeux de sécurité publique dans une société moderne et numérique, et la protection de la vie privée au titre de la conservation, de l'utilisation et de la transmission d'informations sensibles à caractère personnel. L'oubli occupe alors une place des plus ambivalentes au sein de l'ordre juridique : à première vue négation de ce qui constitue l'essence même du procès judiciaire, civil ou pénal, lequel consiste à faire « *surgir le*

---

[1] NIETZSCHE, F., « De l'inconvénient et de l'utilité pour la vie de l'histoire » in *Considérations inactuelles*, II, 1974, Gallimard, coll. Folio essais, 1990, p. 95.
[2] *Ibid.*.

passé dans le présent »[1], l'oubli apparait, à l'inverse, non pas « *inconciliable, dans son essence même, avec l'approche juridique* »[2] comme certains auteurs semblent portés à croire, mais bien nécessaire à une institution qui, en « *mett[ant] tout en mémoire, serait à la fois invivable et inopérante* »[3]. Le droit, y compris répressif, ne peut paradoxalement occulter l'oubli de son fonctionnement et doit au contraire entendre au titre de sa finalité réintégrative une favorisation de l'oubli[4]. Lorsque le Code pénal (CP) assigne à la peine l'objectif de « *favoriser l'amendement, l'insertion ou la réinsertion* »[5] du condamné, n'est-ce pas, au fond, l'oubli juridico-social du passé délictueux qui est recherché ? Le droit doit alors permettre à celui qui a payé sa dette à la société de cesser de lui être redevable. Dès lors, une partie de la doctrine, ainsi qu'une jurisprudence constante – notamment au niveau européen[6] - fondée sur le droit au respect de la vie privée, ont progressivement reconnu l'existence d'un droit à l'oubli pénal, particulièrement pour les individus dont la peine a été exécutée ou a expiré. Néanmoins, la question devient plus épineuse lorsqu'elle touche à certaines catégories infractionnelles, et en particulier celle des infractions à caractère sexuel.

---

[1] LETTERON, R., « Le droit à l'oubli », *Revue du droit public et de la science politique*, 1996, p.386.

[2] *Ibid.*

[3] OST, F., *Le temps du droit*, Odile Jacob, 1999, p. 76.

[4] V. BONIS, E. et PELTIER, V., *Droit de la peine*, 3ème éd., LexisNexis, 2021, p.775. V. également. NABAT, Y., *Fichiers de police et de justice et libertés fondamentales*, thèse sous la direction de Virginie Peltier, Université de Bord ;eaux, 2023, p. 320.

[5] Art. 130-1, 2° CP.

[6] Art. 8 de la Convention de sauvegarde des droits de l'homme et des libertés fondamentales (Conv.EDH), telle qu'amendée par les Protocoles n°11 et 14, du Conseil de l'Europe, Rome, 4 nov. 1950.

2. La notion d'infraction sexuelle : enjeux de définition. Si les violences sexuelles occupent aujourd'hui une place centrale dans le débat public, cette appellation recouvre en réalité une pluralité de comportements hétérogènes, dont la qualification juridique varie selon les époques, les contextes historiques, culturels, religieux ou politiques. Il apparaît donc nécessaire de préciser l'expression d'infraction sexuelle, absente du code pénal[1], trop vaste et imprécise en l'état, en apportant un éclairage sur les définitions légales actuellement retenues par différents systèmes juridiques dans la répression des comportements à caractère sexuel. Historiquement, les mœurs guidant les interdits légaux, le droit n'a pas toujours réprimé toutes les formes de violences sexuelles, ou, s'il l'a fait, a eu à cœur de protéger des intérêts bien éloignés de ceux défendus aujourd'hui. A titre d'exemple, si le code d'Hammurabi à Babylone[2] et le Deutéronome des Hébreux[3] condamnaient déjà tous deux, il y a plusieurs

---

[1] Exception faite de toute référence au Fichier judiciaire automatisé des auteurs d'infractions sexuelles ou violentes (FIJAISV, souvent abrégé FIJAIS).

[2] Le Code d'Hammurabi (vers 1750 av. J.-C.), du nom du souverain mésopotamien, septième prince de la première dynastie de Babylone qui en est l'auteur, est, concrètement, une stèle de basalte noir de plus de deux mètres de hauteur, découverte en 1902 à Suse en Iran par Jacques de Morgan (1857-1924), sur laquelle figurent, en écriture cunéiforme et en langue akkadienne, outre un prologue et un épilogue à la gloire du souverain, 282 paragraphes distincts, des « lois », « articles » ou décisions de justice rendues par le roi, ce qui en fait le plus complet des codes de lois connus de la Mésopotamie antique. Le monolithe est exposé au Louvre, à Paris. V. TRICOIT, J.-P., « Fiche 15. Le Proche Orient antique » in *Fiches de Culture juridique : Rappels de cours et exercices corrigés,* Ellipses, 2019, pp. 103-108.

[3] *Ibid.* Le Deutéronome est le cinquième livre de la Torah pour les juifs - les chrétiens désignent cet ensemble des cinq premiers livres de la

millénaires, le viol ou l'inceste, ce n'était en réalité qu'au titre d'une violation des droits de propriété d'un homme sur une femme, qu'il s'agisse d'un père, d'un mari ou d'un fiancé, et non pas au titre de l'intégrité physique et sexuelle de la victime elle-même [1]. Il convient donc, dans le cadre de cette étude, de définir les contours contemporains de ce que recouvre aujourd'hui une infraction « à caractère sexuel », d'identifier les écarts entre les législations étudiées dans une perspective comparée, et de préciser le champ des auteurs visés, pour déterminer dans quelle mesure un éventuel droit à l'oubli pourrait, est, devrait – ou ne devrait pas – leur être reconnu.

3. Le caractère « sexuel » de l'infraction : des mœurs à l'intégrité. Le terme « *sexuel* » renvoie d'une part à la distinction biologique – relative aux caractères anatomiques et physiologiques - entre le mâle et la femelle (approche essentialiste) et d'autre part à la sexualité, à l'aspect socioculturel des pratiques sexuelles (approche

---

Bible comme le Pentateuque -, qui constitue le droit hébraïque du peuple hébreu de la basse Mésopotamie. V. également, LAMEYRE, X., « Des infractions sexuelles : les mots du droit pénal français pour dire ces maux » in *Psychopathologie et traitements actuels des auteurs d'agression sexuelle,* Paris, John Libbey Eurotext, 2001, p. 33.

[1] Sarah KOENIG souligne l'évolution de la nature de l'objet légal protégé au titre de la répression des infractions sexuelles, notamment de viol. V. KOENIG, S., *L'effectivité de la répression des infractions sexuelles en France et au Canada,* Université de Bordeaux et Université de Sherbrooke, thèse dirigée par Madame le Professeur Marie-Pierre Robert et Monsieur le Professeur Jean-Christophe Saint-Pau, soutenue le 28 septembre 2021, p. 18. V. également, LAMEYRE, X., « Des infractions sexuelles : les mots du droit pénal français pour dire ces maux » in *Psychopathologie et traitements actuels des auteurs d'agression sexuelles,* Paris, John Libbey Eurotect, 2001, p. 31 ; LEMOINE, P., « Evolution du concept de violence sexuelle à travers l'histoire », CRIAVS, Caen.

constructiviste)[1]. L'Organisation mondiale de la santé a eu l'occasion de définir précisément la sexualité comme étant « *vécue et exprimée sous forme de pensées, de fantasmes, de désirs, de croyances, d'attitudes, de valeurs, de comportements, de pratiques, de rôles et de relations. Alors que la sexualité peut inclure toutes ces dimensions, ces dernières ne sont pas toujours vécues ou exprimées simultanément. La sexualité est influencée par des facteurs biologiques, psychologiques, sociaux, économiques, politiques, culturels, éthiques, juridiques, historiques, religieux et spirituels.* »[2]. Cette sexualité a toujours fait l'objet d'un encadrement par la loi au titre du respect des *bonnes mœurs* (ex. homosexualité, adultère, etc.), en dehors même de toute hypothèse d'absence de consentement des acteurs du rapport sexuel illégal. Les infractions sexuelles ont longtemps été perçues, aussi bien en France qu'au Canada, comme des atteintes aux bonnes mœurs mais ce dernier terme, supprimé du code pénal français, ne trouve plus à s'appliquer dans la définition de ces infractions tant il ne s'agit plus en réalité de condamner une atteinte portée aux mœurs mais bien une atteinte à la liberté et l'intégrité sexuelle de la victime[3], indépendamment de considérations

---

[1] Définition donnée par le Centre National de Ressources Textuelles et Lexicales (CNRTL), V° « sexuel », [en ligne], accessible à : https://www.cnrtl.fr/lexicographie/sexuel.

[2] Site internet de World Health Organization (WHO, traduction anglophone de l'OMS), V° "sexuality" rubrique "Sexual and reproductive health", section "Defining sexual health".

[3] L'évolution de la définition de la sexualité a notamment pu être discutée par la jurisprudence française qui a admis que des actes pris dans un certain contexte et qui, même portés sur des zones non spécifiquement sexuelles en elles-mêmes, pouvaient avoir un caractère sexuel dès lors que l'auteur en avait ressenti une excitation sexuelle (Crim. 3 mars 2021, n° 20-82.399 B : *D. actu. 12 mars 2021, obs.Chollet ; D. 2021. 605, note Dreyer ; obs. Mirabail ; AJ pénal*

morales dont les sociétés françaises et québécoises se sont fort heureusement affranchies[1].

4. Un vocable différent mais des interdits similaires : la classification des infractions sexuelles en droits français et canadien. L'expression d'infraction sexuelle trouve à s'appliquer en droits français et canadiens sous des vocables juridiques quelque peu différents, bien que le contenu, lui, ne le soit pas tant en définitive. En effet, le code pénal français punit les infractions sexuelles selon qu'il les qualifie d'agressions sexuelles[2] (art. 222-22 et s. CP), d'atteintes sexuelles sans violence sur mineurs (art. 227-25 et s. CP), d'harcèlement sexuel (art. 222-22 et s. CP), d'exhibition sexuelle (art. 222-32 du CP), d'exploitation pornographique de l'image d'un mineur (art. 227-23 CP), de diffusion de messages pornographiques pouvant être perçus par un mineur (art. 227-24 CP), etc. En somme, sont concernées « *toutes les infractions qui portent atteinte à la liberté sexuelle en imposant ou incitant à un comportement de nature sexuelle ainsi que les infraction qui répriment des comportements sexuels ou des messages outrageants* »[3]. En droit canadien, les infractions sexuelles sont consacrées dans le *Code criminel* au titre des voies de fait, aux articles 265(2), 271 et suivants. Cela résulte d'une volonté du législateur canadien d'unifier le régime de la

---

2021. 207, obs Saenko ; JCP 2021. 407, note Saint-Pau ; Dr. pénal 2021. comm. 81, obs. Conte).

[1] *Opt cit.* 13, KOENIG, S., p. 16-17. V également, sur des notions de « morale sexuelle » et de « bonnes mœurs », MALABAT, V., V° « Infractions sexuelles », *Rép. pen.,* Dalloz, 2025.

[2] Cette qualification se substitue à celle, antérieure à l'entrée en vigueur du code pénal le 1er mars 1994, d' « attentat à la pudeur », dans une considération du législateur de l'évolution des mœurs (Reims, 10 nov. 1994 : *BICC 1995. 1241*).

[3] *Ibid.* MALABAT, V. *opt. cit. 17.*

répression des infractions sexuelles qui s'est traduite par une réforme du *Code criminel* en 1983[1]. Cette réforme est venue supprimer le viol et l'attentat à la pudeur pour leur substituer l'agression sexuelle unique, grave ou armée. Avant cela, le *Code criminel* adoptait une distinction similaire à celle toujours en vigueur dans le Code pénal, à savoir portant sur l'acte de pénétration[2] qualifiant le viol parmi les autres agressions sexuelles. Si que le droit canadien met davantage l'accent sur la violence des agressions sexuelles sans plus distinguer dorénavant l'existence d'un acte de pénétration, et que cette façon de catégoriser les infractions sexuelles constitue un point de divergence majeur entre la France et le Canada, cela n'apparait en réalité que relativement superficiel, du moins au regard de notre étude, en ce que les infractions sexuelles sont *in fine* classées au regard de la gravité de l'acte et du résultat vis-à-vis de la victime, et que les pays incriminent bel et bien les mêmes actes infractionnels, quand bien même sous une autre terminologie. Les différences semblent ici relever plus de la linguistique que d'un véritable écart théorique juridique.

---

[1] L.R.C. (1985), ch. C-46.

[2] La définition de la notion de pénétration a largement évolué en droit interne, incluant depuis la loi du 3 aout 2018 la mention « ou sur la personne de l'auteur », permettant d'incriminer des viols d'hommes par des femmes qui pouvaient échapper à la qualification de viol *stricto sensu*. La loi du 21 avril 2021 a également apporté une modification majeure en précisant que constituait un acte de pénétration *« tout acte bucco-génital »*, permettant ainsi d'étendre le champ d'application du viol aux fellations notamment, dès lors que l'acte est commis avec violence, contrainte, menace ou surprise (Crim. 16 déc. 1997, n° 97-85.455 : *JCP 1998, note Dreyer*). Toutefois, il semblerait que l'acte de cunnilingus ne bénéficie pas encore toujours de la même reconnaissance jurisprudentielle (Crim. 14 oct. 2020, n°20-83.273 : *D. actu. 13 nov. 2020, obs. Dominati ; RSC 2020. 933, obs. Mayaud*).

5. Distinction et inclusion des comportements outrageants. Si la notion d'infractions sexuelles s'entend relativement largement, il est une distinction qui peut néanmoins être faite entre les infractions sexuelles d'agressions et autres atteintes où l'auteur cherche à obtenir un certain comportement sexuel de la part de la victime, que ce soit par la violence, la contrainte, ou l'incitation, et celles où il ne fait que peu de cas de la victime et la commission de son acte outrageant ne requiert aucune participation active directe de la victime[1]. Si cette distinction peut se révéler particulièrement intéressante notamment d'un point de vue sociologique, criminologique et psychologique, et pourrait impacter la notion de dangerosité de l'individu nécessaire à l'évaluation de l'opportunité d'un droit à l'oubli au regard des impératifs de sécurité et de prévention de la récidive, elle semble moins opportune en l'état dans le cadre de notre étude. Seront donc étudiées indistinctement toutes les infractions sexuelles, qu'il s'agisse d'une agression de contact, ou d'un comportement outrageant.

6. Un type d'infraction genré. Le constat est de notoriété publique : les femmes sont majoritairement victimes d'infractions sexuelles[2]. Toutefois, si les chiffres parlent d'eux-mêmes, ils montrent également que 23% des victimes sont des hommes — une proportion trop souvent négligée dans les représentations sociales, qu'il importe ici de ne pas invisibiliser. En revanche, lorsqu'il s'agit d'identifier les auteurs de ces infractions, le déséquilibre se creuse : seules 3 % des personnes condamnées pour des

---

[1] *Opt. cit.* MALABAT, V., *note17.*

[2] Selon l'INSEE, chaque année, environ 200 000 personnes sont victimes de violences sexuelles et 77% d'entre elles sont des femmes. V. INSEE, *Sécurité et société*, 2021, p. 112.

infractions sexuelles sont des femmes.[1]. Cette étude n'a pas pour objet d'évaluer de manière exhaustive l'influence du sexe — ni celle d'autres éléments liés à la personnalité de l'auteur — sur les chances de réinsertion, sur la perception de dangerosité ou encore sur l'accès effectif aux mécanismes d'effacement du passé pénal. Il reste néanmoins certain que le genre constitue un facteur structurant dans la perception sociale et judiciaire du crime sexuel, en ce qu'il influence tant la perception du corps déviant que la réponse institutionnelle qui lui est opposée.

7. La spécificité des infractions sexuelles : les raisons d'un choix d'étude. Les violences sexuelles[2] constituent un objet d'étude pluridisciplinaire, croisement du droit, de la victimologie, de la criminologie, sociologie, psychologie, anthropologie voire histoire et philosophie[3], particulièrement propice et nécessaire à l'élaboration d'une réflexion la plus riche et la plus juste possible compte tenu des nombreux paramètres que soulève cette transdisciplinarité pour le juriste que nous sommes. Par ailleurs, notion omniprésente dans le débat public, les violences sexuelles sont sujettes à de très nombreuses évolutions en droit positif. De l'amplification du

---

[1] *Ibid,* INSEE, p. 140.

[2] La notion de violence en elle-même n'est pas clairement définie en droit interne mais l'OMS a pu la définir comme suit : « *La menace ou l'utilisation intentionnelle de la force physique ou du pouvoir contre soi-même, contre autrui ou contre un groupe ou une communauté qui entraîne ou risque fortement d'entraîner un traumatisme, un décès, des dommages psychologiques, un maldéveloppement ou des privations* », OMS, Rapport mondial sur la violence et la santé, Genève, 2002.

[3] V. KOENIG, S., *L'effectivité de la répression des infractions sexuelles en France et au Canada,* Université de Bordeaux et Université de Sherbrooke, thèse dirigée par Madame le Professeur Marie-Pierre Robert et Monsieur le Professeur Jean-Christophe Saint-Pau, soutenue le 28 septembre 2021, p. 12.

mouvement « *#MeToo* » sur les réseaux sociaux en 2017 suite au scandale de l'affaire Weinstein aux Etats-Unis, suivi par l'affaire Rozon au Canada, Adèle Haenel et, plus récemment encore, celle des procès de Mazan en France à l'hiver dernier, les affaires de violences sexistes et sexuelles font grand bruit et touche tout particulièrement l'opinion publique. Par leur remise en question du fonctionnement de l'appareil judiciaire et de ses nombreuses failles, elles invitent le droit pénal à faire nouvelle peau ou, à tout le moins, à évoluer vers un droit répressif plus conscient des préjudices causés à la victime et de son rôle au sein de la procédure pénale[1]. Toutefois, cela amène nécessairement à une réaction plus sévère encore des autorités judiciaires à l'encontre des auteurs d'infractions socialement perçues comme d'une gravité accrue du seul fait de leur nature fondamentalement intime et tabou dans nos sociétés encore largement patriarcales[2].

8. De la condamnation sociale à la stigmatisation pénale : les outils et fondements de la mémoire. La mémoire, entendue au sens commun, désigne la faculté de conserver et de rappeler des informations ou des événements passés. Transposée dans l'ordre juridique, et

---

[1] C'est un point de discordance majeure entre le droit pénal français et le droit criminel canadien puis que ce dernier ne reconnaît pas la possibilité pour la victime de se constituer partie civile comme cela peut être le cas, dans les conditions prévues par l'article 418 et s. du CPP, ce qui signifie que la victime n'est en aucun cas partie au procès pénal.

[2] Les violences sexuelles sont des violences genrées : les femmes sont statistiquement bien plus susceptibles d'en être victimes que les hommes, indépendamment de l'époque ou du lieu, et en constituent la population victimaire ultra-majoritaire (85% des victimes de violences sexuelles sont des femmes selon le rapport de FIZZALA, A. et KAISER, O., *16900 femmes victimes de violences physiques ou sexuelles enregistrées par les services de sécurité en 2023*, INSEE Flash Pays de la Loire, 7 mars 2025, n°152, p. 1.

plus spécifiquement en droit pénal, elle devient un instrument de conservation du passé judiciaire, à la fois au service de la vérité, de la prévention et de la sécurité. Cette mémoire pénale, dont l'acception traverse très largement les frontières et s'entend de la même manière tant en droit français qu'en droit canadien, s'exprime par un ensemble de dispositifs normatifs et administratifs visant à inscrire, centraliser et rendre accessibles les traces des infractions et des sanctions prononcées. Casier judiciaire, fichiers spécialisés, peines complémentaires ou encore mesures de sûreté et autres équivalents sont autant d'outils qui traduisent une volonté de matérialiser juridiquement la mémoire du crime. Cette dernière s'autonomise alors de la seule logique judiciaire pour devenir un vecteur de stigmatisation institutionnelle, prolongeant l'effet de la peine au-delà de son exécution. Elle entérine ainsi un passage de la condamnation sociale spontanée à une stigmatisation pénale durable, administrée par l'État lui-même au nom de l'intérêt général.

9. Les origines historiques du casier judiciaire, de l'évolution du stigmate physique au stigmate virtuel. En France, alors que le marquage au fer rouge et l'essorillement ont été prohibés par la loi du 31 août 1832, le magistrat Arnould Bonneville de Marsangy, considéré comme un des premiers spécialistes français de la récidive au XIXe siècle, s'intéresse dès 1841 au sommier judiciaire alors constitué de fiches amovibles des condamnations des criminels classées par ordre alphabétique, qui avaient vu le jour en 1833. Dans la lignée du développement de principes tels que l'individualisation de la peine qui revêtent progressivement une importance certaine dans le paysage juridique des XVIII-XIXe siècles, Bonneville met l'accent sur l'importance pour le juge de connaître les antécédents judiciaires du prévenu afin de permettre la bonne mise en œuvre du principe d'individualisation des peines, et par la même occasion, mieux réprimer la récidive[1]. Il proposera dans un discours à l'audience de la rentrée judiciaire du tribunal civil de Versailles, le 5 novembre 1848, une nouvelle organisation de ce qui deviendra à son adoption en 1850 par une circulaire du garde des Sceaux Rouher, une première étape de la création du casier judiciaire tel qu'on le connait encore avant d'être légalement réglementé par la loi du 5 aout 1899[2]. Les Canadiens, dont le système juridique découle à la fois des systèmes anglais et français que les explorateurs et les colons ont importés au XVIIe et XVIIIe siècles, ont également été adeptes de divers da tous aussi infamants et mutilants que ceux pratiqués de l'autre côté de l'Atlantique. La flétrissure largement utilisée jusqu'au XVIIe siècle, apposée sur le front, la joue ou l'épaule, servait à identifier les condamnés à vie, permettant ainsi d'identifier les potentiels récidivistes et devant alors assurer une forme de sécurité sociale[3]. Il faudra attendre le

---

[1] V. FARCY, J.-C., « Le casier judiciaire au XIXe siècle », *Bulletin du Centre d'histoire de la France contemporaine* [Université de Paris X-Nanterre], n°11, 1990, pp. 5-27. Voir également le *Traité de la Récidive* rédigé par Bonneville dans lequel l'auteur exprime déjà les enjeux contemporains de la peine et de la justice pénale, à savoir la prévention des délits, leur répression, « la surveillance des libérés de justice » et leur réhabilitation en dernier lieu : BONNEVILLE, A., *De la Récidive ou des moyens les plus efficaces pour constater, rechercher et réprimer les rechutes de toute infraction à la loi pénale,* Paris, Cotillon, MDCCCXLIV, 466 pp.

[2] SOYER, J.-C., *Manuel de droit pénal et de procédure pénale,* Paris, L.G.D.J., 1987, 7ème éd., p. 161.

[3] BERNHEIM, J.-C., BROUSSEAU, S., LACHANCE, A., RIENDEAU, A., *Le casier judiciaire : Un obstacle surmontable en matière d'emploi, grâce à la collaboration des partenaires sociaux*, Comité consultatif clientèle judiciarisée adulte en collaboration avec l'Association des services de réhabilitation sociale du Québec, 2013, pp. 5-6.

milieu du XIXe siècle pour que cette pratique prenne fin au Bas-Canada.

10. La stigmatisation au service de la prévention. Aujourd'hui, la marque a changé de nature : elle est devenue numérique, administrative, invisible à l'œil nu mais omniprésente dans les fichiers, les bases de données, les extraits de casier. Cette stigmatisation contemporaine, dématérialisée mais tout aussi efficace, agit comme un passeport délinquentiel. Elle poursuit l'individu au quotidien, justifiée par un impératif de prévention de la récidive. En droit, la prévention désigne l'ensemble des mesures juridiques, administratives ou sociales prises en amont de la réalisation d'un dommage ou d'une infraction, dans le but de l'éviter ou d'en limiter la probabilité. Elle s'oppose ainsi à la répression, qui intervient *a posteriori*, une fois le trouble ou l'infraction réalisé. En droit pénal, la prévention occupe une place centrale, qu'elle soit primaire – c'est-à-dire empêcher la commission d'une infraction – ou secondaire – à savoir empêcher la récidive après une première condamnation.

11. La notion de récidive en droit comparé. Le terme de récidive tire ses origines du latin médiéval *recidiva*, lui-même dérivé du latin classique *recidere* qui, composé du préfixe *re-* qui marque le retour en arrière ou la répétition, et de *cadere*, « tomber », signifie « retomber, rechuter »[1]. S'il est utilisé en médecine pour qualifier la réapparition d'une maladie après une guérison en apparence complète, il est adopté dès le XVème siècle pour désigner une « rechute

---

[1] V° « Récidive », Dictionnaire de l'Académie Française, 9ème éd., 2024. [En ligne]

dans le crime »[1] et englobe de manière large des notions telles que la pluralité d'infractions, la réitération[2] ou encore le concours réel d'infractions[3]. De ces notions se distingue celle de la récidive légale, à savoir le fait, pour une personne physique, ou morale, ayant déjà été condamnée définitivement pour une première infraction de commettre une nouvelle infraction dans les conditions précisées par la loi[4]. Plus précisément, la définition et le régime de la récidive figurent aux articles 132-8 à 132-16-5 du Code

---

[1] GILLET, D., *Les instruments de lutte contre la récidive*, sous la direction de Roger Bernardini, Université de Nice – Sophia-Antipolis, soutenue en 2015, p.14.

[2] L'article 132-16-7 du CP, issu de la loi n°2005-1549 du 12 décembre 2005 définit la réitération d'infractions pénale comme « la situation d'un délinquant qui ayant déjà fait l'objet d'une condamnation pénale définitive pour crime ou délit, commet une nouvelle infraction qui ne répond pas aux exigences de la récidive légale. » ; GUINCHARD, S. et DEBARD, T., V° « Réitération », *Lexique des termes juridiques*, Dalloz, 32ème éd., 2024, p.935.

[3] Le concours réel d'infractions, tel que prévu à l'article 132-2 du CP, se définit comme « la situation dans laquelle un délinquant a, par ses agissements, commis plusieurs infractions distinctes, sans qu'elles soient séparées entre elles par une condamnation définitive. Il est autant de responsabilité qu'il est infractions réalisées, mais le principe du non-cumul des peines interdit que soit prononcée ou exécutées des peines de même nature au-delà du maximum légal le plus élevé. Le concours réel se distingue d'une part de la récidive, qui consiste à commettre un nouveau crime ou délit, voire une contravention, après une condamnation définitive pour une première infraction, d'autre part de la réitération infraction, qui correspond à des infractions également séparées par une condamnation définitive, mais sans pour autant rejoindre la récidive, faute de répondre à ces conditions légales » ; GUINCHARD, S. et DEBARD, T., V° « Concours réel d'infractions », Lexique des termes juridiques, Dalloz, 32ème éd., 2024, p. 250.

4 HERZOG-EVANS, M., V° « Récidive », Rép. pen., Dalloz, 2019. ; V. aussi GUINCHARD, S. et DEBARD, T., V° « Récidive », Lexique des termes juridiques, Dalloz, 32ème éd., 2024, p. 906.

pénal, au sein d'un chapitre 2 intitulé « Du régime des peines », et d'une sous-section 2 « Des peines applicables en matière de récidive ». En revanche, il n'existe aucun consensus sur la définition opérationnelle de la récidive en droit canadien : il peut s'agir tant d'un nouveau contact avec la justice, d'une nouvelle arrestation, d'une réincarcération que d'une nouvelle condamnation... Les façons de comptabiliser les taux de récidive varient donc grandement selon les différentes provinces et les territoires canadiens. Toutefois, l'on peut retenir que, dans une appréciation très large du terme, la récidive renvoie à la commission d'une infraction pénale après avoir déjà été condamné, ou à tout le moins à avoir de nouveaux démêlés avec la justice[1].

La récidive est par essence conditionnée au souvenir que l'on a de la condamnation passée. Sans mémoire pénale, pas de récidive. Mais doit-on pour autant faire de la mémoire un instrument de stigmatisation perpétuel dans l'hypothèse incertaine d'une récidive ? Quid de celui qui ne récidivera jamais ? La stigmatisation ne peut-elle pas, au contraire, devenir source de risque de récidive par la condamnation socio-professionnelle supplémentaire qu'elle impute à l'auteur ? Dans ce contexte, il apparaît nécessaire de se pencher sur la question d'un oubli en droit pénal.

12. L'oubli en droit pénal. L'expression « *droit à l'oubli* » n'est pas nouvelle. La paternité en est historiquement et classiquement attribuée à Gérard Lyon-Caen, à l'occasion d'une note relative à l'affaire Landru de 1966 commentant un jugement du Tribunal de grande instance de Seine qui se prononçait sur une demande d'effacement d'un passage figurant dans un livre et

---

[1] MINISTERE DE LA JUSTICE DU CANADA, *Récidive dans le système de justice pénale,* Rapport « Précis des faits », 2020, pp. 1-5.

mentionnant la requérante[1]. La notion sera reprise plus tard dans la jurisprudence du TGI de Paris[2]. « *Depuis, l'expression a fait florès chez les juristes comme les profanes. Il faut dire qu'il possède le charme ambivalent de toute formule alliant à la rigidité du droit le flou d'un processus psychologique* »[3]. Toutefois, elle est à ne pas confondre la notion homonyme ayant pour autre dénomination le droit au déréférencement, *« droit en faveur des citoyens qui désirent obtenir de l'exploitant d'un moteur de recherche sur Internet qu'il supprime de la liste des résultats leurs données personnelles.* »[4], consacré notamment par la jurisprudence européenne depuis l'arrêt *Google Spain* de la Cour de Justice de l'Union européenne en 2014[5]. Il ne sera abordé ici qu'à titre accessoire, en tant que prolongement technique possible d'un droit à l'oubli pénal effectif, dans un contexte de numérisation croissante de la mémoire judiciaire. L'étude se concentre exclusivement sur l'oubli post-sentenciel, entendu comme la possibilité, pour une personne condamnée, de ne plus être

---

[1] TGI Seine, 14 oct. 1965, Mme S. c. Soc. Rome Paris Film, *JCP,* 1966, I, 14482, n. Lyon-Caen. L'arrêt a été confirmé en appel : CA Paris, 15 mars 1967.

[2] TGI Paris, 20 avr. 1983, M. c. Filipacchi et Cogedipresse, *JCP*, 1983, II, 20434 ; note R. Lindon.

[3] CAIRE, A.-B. « Propos introductifs » in CAIRE, A.-B. et LANTERO, C., « Le droit à l'oubli », *La Revue (Centre Michel de l'Hospital)*, n°8, sept. 2016, p. 7.

[4] ABALLACHE-ZERARI, S., « Le droit à l'oubli (droit au déréférencement), condition d'un avenir ouvert », *Revue française d'éthique appliquée*, 2020, pp. 84-98. V. également les définitions : GUINCHARD, S. et DEBARD, T., V° « Déréférencement de sites », *Lexique des termes juridiques,* 32ème éd., Dalloz, 2024-2025, p.378 ; V° « Droit à l'oubli numérique », p. 419.

[5] CJUE, *Google Spain SL, Google Inc. c. Agencia Española de Protección de Datos, mario Costeja González,* 13 mai 2014, C-131/12.

juridiquement définie par son passé pénal, une fois sa peine exécutée ou éteinte. Sont donc également exclus du champ d'analyse les mécanismes préventifs ou extraordinaires d'extinction de l'action ou de la peine, tels que la prescription, l'amnistie ou la grâce présidentielle, qui relèvent d'une logique d'opportunité ou de pardon d'État. Soulevant le paradoxe d'un droit « *semblant juridiciser un phénomène naturel souvent considéré comme une défaillance* »[1], Anne-Blandine Caire tente plus précisément de définir l'oubli, notion à l'heure actuelle toujours essentiellement doctrinale et seulement implicitement consacrée en droit interne, en combinant les acceptions tant philosophiques, littéraires et psychologiques : définit d'une part comme « *phénomène complexe, à la fois psychologique et biologique, normal ou pathologique (dans ce cas, relevant de l'amnésie), qui se traduit par la perte progressive ou immédiate, momentanée ou définitive du souvenir* »[2], l'oubli semble relever davantage d'un phénomène psychologique, parfaitement étranger au juriste[3]. Toutefois, si certains auteurs semblent affirmer que le droit ne peut connaître d'oubli ni l'imposer[4], nous sommes d'avis que la question mérite réflexion.

13. Problématisation des enjeux. Dans un contexte où la prévention de la récidive constitue l'un des

---

[1] *Ibid*, CAIRE, A.-B.

[2] Centre National de Ressources Textuelles et Lexicales (CNRTL), V° « Oubli ». Accessible : https://www.cnrtl.fr/lexicographie/oubli.

[3] La Professeure Letteron a notamment pu dire du droit à l'oubli : « *Perte d'un souvenir, il ne peut être appréhendé de manière substantielle par le droit pour lequel il restera toujours une fiction. (...)* ». LETTERON, R., « Le droit à l'oubli », *RDP*, 1996, pp. 385 sq., spéc. P. 386.

[4] « *Si une norme juridique peut imposer le silence, elle ne peut en aucun cas imposer l'oubli* ». *Ibid.*

fondements modernes de la peine, le droit à l'oubli pénal soulève des interrogations croissantes quant à sa portée, son effectivité et sa légitimité. Conçu comme une garantie de réinsertion et de désistance, il entre néanmoins en tension avec les exigences contemporaines de transparence, de sécurité publique et de mémoire pénale. Cette tension est particulièrement manifeste à l'égard des auteurs d'infractions sexuelles, qui font l'objet d'un traitement différencié, souvent plus rigide, dans l'accès aux mécanismes d'effacement. Dans cette perspective, une interrogation centrale émerge : dans quelle mesure le droit pénal, confronté aux exigences de prévention de la récidive, peut-il garantir un droit à l'oubli effectif au condamné, notamment pour les auteurs d'infractions sexuelles, sans compromettre la protection des intérêts collectifs, et comment concilier à cette fin les approches française et canadienne, entre automatisme, mérite et sécurité ?

14. Penser l'oubli dans une société hypermnésique, vers une réconciliation entre prévention et stigmatisation. La condamnation pénale ne saurait devenir une sentence éternelle, une marque indélébile entravant toute perspective d'oubli et de réinsertion. Si un droit à l'oubli pénal apparaît nécessaire, il ne saurait être pensé isolément : il doit s'articuler à d'autres sphères, notamment médiatique et numérique, tant les effets du passé judiciaire débordent aujourd'hui le seul champ juridique. Le droit pénal doit ainsi se doter de mécanismes transversaux capables d'impacter concrètement la réalité sociale du condamné, dans un équilibre fragile mais essentiel entre libertés fondamentales : d'un côté, la réinsertion, la vie privée, la présomption d'innocence une fois la peine exécutée ; de l'autre, la sécurité publique, le droit à l'information et la mémoire collective. Penser l'oubli dans une société contemporaine, c'est aussi prendre la mesure des risques d'une mémoire hypertrophiée, qui, sous couvert de mieux considérer les victimes et de tirer les leçons du passé, finit par exclure irrémédiablement ceux qui ont déjà été punis.

15. Les intérêts et fondements méthodologiques d'une approche comparatiste. L'approche comparée entre la France et le Canada s'impose ici tant par la richesse des contrastes que par la pertinence des convergences. D'un point de vue structurel, ces deux systèmes reposent sur des traditions juridiques fondamentalement différentes : la France s'inscrit dans la tradition civiliste, de droit écrit et à procédure inquisitoire, tandis que le Canada, héritier de la *common law*, adopte une logique accusatoire, marquée par le rôle central de l'oralité, du principe de précédence et du contradictoire. À cette divergence de fond – largement amoindrie au fil des réformes - s'ajoute une différence institutionnelle majeure : le Canada est un État fédéral, où le droit criminel, compétence fédérale exclusive, suppose néanmoins une application provinciale. Cette décentralisation produit une dispersion des pratiques, une hétérogénéité dans l'accès à l'effacement, et rend le droit à l'oubli difficile à garantir de manière uniforme. Face à ces réalités, l'approche méthodologique de la comparaison opérée au titre de ce mémoire se veut principalement fonctionnaliste : il s'agit d'observer comment chaque système répond aux mêmes objectifs – réinsertion, prévention, respect des droits fondamentaux – à travers des mécanismes distincts. Mais cette méthode ne saurait suffire : certaines dynamiques, notamment en matière de violences sexuelles, ne s'expliquent qu'à la lumière de l'histoire, des institutions, et des représentations collectives propres à chaque société. Seul un regard un tant soit peu porté sur la méthode culturaliste permettra en effet de saisir tout l'enjeu de politiques d'oubli en droit pénal au regard de l'impact du colonialisme sur la place des peuples autochtones au

Canada ou encore la centralité mémorielle du crime sexuel dans le débat public français. La comparaison permet ainsi de révéler les limites internes de chaque modèle, mais aussi de dégager des pistes croisées d'évolution, à la fois juridiques et sociales.

16. Architecture de la recherche. L'équilibre entre mémoire et oubli ne se joue pas uniquement sur le terrain symbolique : il structure en profondeur les choix normatifs opérés par les systèmes pénaux contemporains. La persistance de la mémoire judiciaire, à travers l'inscription au casier, les fichiers spécialisés ou les mesures de sûreté, s'impose comme un outil central de gestion du risque sexuel, au prix d'une stigmatisation prolongée du condamné. Elle s'érige ainsi en condition de la prévention, mais non sans produire ses propres effets d'exclusion. À cette logique de mémoire constante s'oppose une autre voie, plus discrète, plus fragile : celle de l'oubli comme horizon possible, non pas déni du passé, mais espace de réinsertion et de réparation, dans une société soucieuse de ne pas condamner à perpétuité ceux qui ont déjà été punis. L'analyse confrontera donc, dans un premier temps, les ressorts d'une mémoire judiciaire mobilisée au service de la prévention de la récidive sexuelle (**PARTIE 1**) ; avant d'interroger, dans un second temps, la place que le droit peut – ou doit – accorder à l'oubli, comme réponse alternative à la stigmatisation et comme condition d'une réintégration réelle (**PARTIE 2**).

PARTIE 1 : UNE MÉMOIRE PENALE HYPERTROPHIÉE

17. La construction d'une mémoire pénale active comme outil de la prévention du risque. Dans une logique de prévention de la récidive et de gestion des comportements jugés à risque, les systèmes pénaux contemporains mettent l'accent sur la construction d'une mémoire active et persistante du passé judiciaire. Cette mémoire est particulièrement prégnante dans le traitement des infractions sexuelles où la dangerosité perçue des auteurs sert de justification à la mise en place de dispositifs de suivi et de surveillance renforcés. Si cette mémoire se manifeste de façon très claire à travers les stigmates laissés par la condamnation elle-même, compromettant considérablement les chances de réinsertion du condamné (**Chapitre 1**), elle se traduit également par la mise en œuvre d'un contrôle préventif plus large dessinant les contours d'un droit pénal de l'anticipation (**Chapitre 2**). En France comme au Canada, cette mémoire pénale fragmentée, parfois indépendante de tout jugement définitif, interroge les fondements d'un potentiel droit à l'oubli en tension avec les impératifs de sécurité publique, et questionne les promesses d'une justice orientée vers la réhabilitation.

Chapitre 1 : Les stigmates judiciaires d'une condamnation pénale

18. Outils de la stigmatisation pénale. Le maintien du condamné dans le rappel de sa condamnation, après même qu'il a payé sa dette à la société en purgeant sa peine, constitue un véritable obstacle à sa réinsertion, pourtant désormais largement reconnue comme levier essentiel dans la prévention de la récidive[1]. Le casier judiciaire, en tant qu'archive officielle des condamnations pénales, constitue un instrument de stigmatisation tant judiciaire que sociale, prolongeant la peine au-delà de son terme (**Section 1**). À cela s'ajoute le recours croissant à diverses sanctions pénales dites préventives qui assignent durablement l'individu à une présomption de dangerosité, l'inscrivant dans un schéma de suspicion liberticide (**Section 2**). Ces dispositifs conjugués prolongent l'infamie au lieu de l'effacer, sapant paradoxalement les fondements d'une justice tournée vers la réhabilitation et la paix sociale.

Section 1 : Le casier judiciaire comme archive active de la sanction

19. Les stigmates judiciaires modernes de la criminalité. « *Pour le délinquant éternellement poursuivi par le souvenir de cette condamnation qui lui ferme toutes les portes et le suit partout, dans quelque lieu qu'il soit, le casier judiciaire est devenu une véritable peine, pire que la peine principale, plus dure que la prison qu'il a subie et*

---

[1] V. VENET, O., « De l'autre côté du miroir : les obstacles et les remèdes à la stigmatisation », in DE GREEF, V. et PIERET, J. (dir.), *Le casier judiciaire. Approches critiques et perspectives comparées*, Larcier, 2011, p. 175.

dont jamais il ne pourra s'affranchir. La peine véritable a eu un terme. Celle-là n'en aura jamais »[1]. Alors même que le casier judiciaire met un terme aux stigmates - dans le sens premier qui était attribué au terme[2] : cette affliction de la chair qui permettait reconnaître les récidivistes parmi leurs congénères délinquants -, l'empreinte laissée par l'encre sur le papier, même dématérialisé, dans la vie du condamné par la mémoire de ses infractions semble parfois tout aussi affligeante et indélébile. Et par-dessus tout, l'étiquette invisible du délinquant sexuel inflige à celui-ci une double stigmatisation, lui qui est paria parmi ses pairs.

20. Un paradoxe. Le casier judiciaire se construit sur un paradoxe : il a pour objet la prévention de la récidive mais sa mise en œuvre (**§1**) a pour conséquence une stigmatisation durable qui risque fortement de favoriser cette récidive par les obstacles à la réinsertion qu'elle pose à l'individu qui en est frappé (**§2**).

§1 : L'inscription au casier judiciaire

21. Définition française. En France, le « *Casier judicaire national automatisé* »[3] est tenu sous l'autorité du

---

[1] Discours prononcé par René Béranger, rapporteur du projet de loi relatif au casier judiciaire dans la séance du 27 juin 1890. V. BERANGER, R., « Le casier judiciaire », B*ulletin de la Société générale des prisons*, 27 juin 1890, pp.776-783.

[2] Le terme « stigmate » est emprunté du latin *stigmata*, pluriel neutre de *stigma*, qui désignait une « marque au fer rouge », « marque d'infamie », lui-même emprunté du grec *stigma*, « piqûre ». Le sens étymologique premier du terme « stigmate » est bien celui de la marque laissée par le fer rouge apposé sur la chair d'un individu comme signe d'infamie.

[3] C'est ainsi qu'il est renommé par la loi n°80-2 du 4 janvier 1980 et son décret d'application du 6 novembre 1981 (Décr. N° 81-1003, JO 11

ministre de la Justice et est placé sous la direction d'un magistrat spécialisé, lui-même placé sous l'autorité et le contrôle du directeur des Affaires criminelles et des grâces[1]. Il peut se définir comme « le relevé national et automatisé des condamnations pénales et de certaines autres décisions [s'appliquant] aux les personnes physiques comme aux personnes morales »[2]. Il est organisé en 3 « bulletins » (B1 – B2 – B3), dont le contenu et les conditions d'accessibilité varient de l'un à l'autre[3].

22. Absence de définition canadienne officielle. Au Canada, malgré l'existence de la *Loi relative à la réhabilitation des condamnés qui se sont réadaptés,* plus connues encore en tant que *Loi sur le casier judiciaire*[4] et qui intéressera tout particulièrement notre étude puisqu'elle traite de la suspension du casier, mécanisme spécial d'oubli et ainsi de lutte contre une mémoire hypertrophiée stigmatisante[5], aucune définition officielle dudit « casier judiciaire » dont elle fait mention n'a été clairement établie à ce jour. Cela paraît quelque peu surprenant tant le législateur canadien semble avoir à cœur de consacrer le premier titre de chaque loi à la définition et l'interprétation des termes employés ; nous pouvons seulement regretter le manque précision de l'objet même de la loi. Pour combler ce déficit terminologique, nombreux sont les auteurs qui se sont essayés à l'exercice de la définition et nous retiendrons ici celle proposée par la professeure titulaire et doyenne de

---

nov.), faisant suite au « Casier judiciaire central » en vigueur depuis 1855, déjà délocalisé à Nantes.

[1] V. C. pr. pén., art. 768 et C. pr. pén., art R. 62.

[2] GUINCHARD, S. et DEBARD, T., V° « Casier judiciaire, *Lexique des termes juridiques,* 32ème éd., Dalloz, 2024-2025, p.165.

[3] *Idem*

[4] L.R.C. (1985), ch. C-47.

[5] V. *infra*, Partie 2 : L'effacement d'un passÉ pÉnal stigmatisant

la Faculté de droit de l'Université de Montréal (1988-1992) Hélène Dumont : « Au plan juridique (…) la banque de données de la Gendarmerie royale (portant aujourd'hui le nom de *Criminal Record Synopsis File* ou fichier de consolidation des antécédents judiciaires) qui centralise, stocke, consolide et systématise les données relatives aux condamnations pénales (…) *peut* porter le nom de casier judiciaire »[1]. On parle donc de « casier judiciaire »[2] pour désigner les informations conservées par la *Gendarmerie Royale du Canada* (GRC)[3], et contenues dans le *Centre canadien de renseignements policiers* (CPIC)[4].

23. Principes et exceptions. Pour qu'il y ait mémoire, faut-il d'abord qu'il y ait mention d'une information qui soit consignée sur un support en gardant la trace pour une durée, limitée ou illimitée, et cela vaut peu importe le système étudié. Ce support en question, le casier judiciaire, se fait le recueil de condamnations mais pas seulement, tant les données qui y sont consignées sont nombreuses. Il s'agit

---

[1] DUMONT, H., « Le casier judiciaire : criminel un jour, criminel toujours ? », in POUPART, A., *Le respect de la vie privée dans l'entreprise : de l'affirmation à l'exercice d'un droit – Journées Maximilien-Caron 1995*, Faculté de Droit de l'Université Montréal, Les Editions Thémis, 1996, p.112.

[2] Une certaine dissension est à relever quant aux différences terminologiques entre « casier judiciaire » et « antécédents judiciaires », cette dernière notion étant parfois comprise comme étant beaucoup plus large, englobant des condamnations pour des infractions tant fédérales que provinciales, et parfois même en dehors de toute nature pénale (litiges civils, administratifs etc). Nous entendons utiliser dans cette étude les deux notions de façon interchangeable, en préférant néanmoins le terme « casier judiciaire ».

[3] La Gendarmerie Royale du Canada est le service de police fédéral du Canada depuis 1873. Pour plus d'informations sur l'histoire de la GRC : v. https://grc.ca/fr/histoire-grc

[4] Le *Centre canadien de renseignements policiers* est plus connu sous l'abréviation anglaise CPIC (« Canadian Police Information Centre »).

d'une véritable « *biographie judiciaire* »[1] d'un individu. Ainsi, pour mieux comprendre les impacts de cette rétention d'information sur les chances de réinsertion de l'individu judiciarisé, faut-il encore s'intéresser aux données faisant l'objet d'une inscription au casier (**A**), mais également à celles qui font figure d'exception et permettent à l'individu d'échapper à cette stigmatisation judiciaire (**B**).

A. Les conditions d'inscription

24. Le type d'informations mises en mémoire. L'intérêt ici est de déterminer si toute infraction, quelle que soit sa nature, ou encore son degré de gravité, entraîne systématiquement une inscription au casier judiciaire - avec les conséquences potentiellement stigmatisantes que cela entraîne – ou si certaines peuvent, au contraire, faire échapper leur auteur à cette formalité.

25. Clarté et transparence à la française. L'article 768 du Code de procédure pénale dresse en onze alinéas une liste précise et détaillées des décisions concernant les personnes physiques[2] devant faire l'objet d'une inscription au casier judiciaire national automatisé (CJN). Y figurent les condamnations pour crime, délit ou contravention de la cinquième classe ainsi que des quatre premières classes dès lors qu'est prise, à titre principal ou complémentaire, au moins une mesure d'interdiction, de déchéance ou d'incapacité, les déclarations de culpabilité assorties d'une

---

[1] GIACOPELLI, M., V° « Casier judiciaire », *Répertoire de droit pénal et de procédure pénale*, Dalloz, 2016.

[2] La présente étude visant à étudier les impacts de la mémoire pénale sur les chances de réinsertion et la prévention de la récidive chez les auteurs d'infractions sexuelles, n'entrent pas dans le champ de cette étude les décisions relatives aux personnes morales et inscrites au CJN ainsi que le dispose l'article 768-1 du Code de procédure pénale.

dispense ou d'un ajournement du prononcé de la peine, les amendes forfaitaires pour les délits et pour les contraventions de la cinquième classe ayant fait l'objet d'un paiement ou à l'expiration des délais, certaines condamnations prononcées par les juridictions étrangères, les compositions pénales dont l'exécution a été constatée par le procureur de la République, les mesures éducatives, dispenses de mesure éducative ou déclarations de réussite éducative prononcées à l'égard d'un mineur, les jugements prononçant la faillite personnelle ou l'interdiction de gérer, les décisions disciplinaire prononcées par l'autorité judiciaire ou par une autorité administrative lorsqu'elles entraînent ou édictent des incapacités, les jugements prononçant la déchéance de l'autorité parentale, les arrêtés d'expulsion pris contre les étrangers, ou encore les jugements ou arrêts de déclaration d'irresponsabilité pénale pour cause de trouble mental lorsqu'une hospitalisation d'office a été ordonnée[1]. Par ailleurs, l'article 769 alinéa 1er

---

[1] La loi n°2008-174 du du 25 février 2008 relative à la rétention de sûreté et à la déclaration d'irresponsabilité pénale pour cause de trouble mental (*JO*, 26 fév. 2008) est venue modifier le traitement de l'irresponsabilité pénale pour cause de trouble mental en permettant que soit statué sur la réparation du préjudice de la victime ainsi que soient prononcées une ou plusieurs mesures de sûreté à l'encontre d'un auteur des faits sur qui pèsent des charges suffisantes mais reconnu atteint d'un trouble mental abolissant son discernement au moment des faits. Cette déclaration est alors susceptible d'être mentionnée sur le CJN (bulletins n°1 et n°2) avec la réserve imposée par le Conseil Constitutionnel dans la décision n°2008-562 DC du 21 février 2008 selon laquelle la déclaration ne figurera au CJN qu'en cas de prononcé d'une ou plusieurs mesures de sûreté à l'encontre de la personne irresponsable.
Dans cette même logique du contrôle de la dangerosité menant à un allongement de la liste des mentions au CJN, la composition pénale, alternative aux poursuites introduite par la loi n°99-515 du 23 juin 1999, figure au bulletin n°1 du CJN, si elle a été exécutée, depuis la modification apportée par la loi n°2002-1138 du 9 septembre 2002 d'orientation et de programmation pour la justice (*JO*, 10 sept. 2002).

du CPP prévoit également l'inscription au CJN de nombreux évènements survenant après le prononcé de la peine, affectant son exécution ou son suivi. Y figurent notamment les réductions de peine, les décisions de libération conditionnelle, les décisions de surveillance ou rétention de sûreté, les réhabilitations etc. Le CJN n'est donc en rien une archive figée : il constitue au contraire une mémoire judiciaire active, continuellement actualisée au gré des évolutions du parcours pénal d'un individu. Chaque décision, favorable ou défavorable, vient ainsi compléter ou modifier le profil pénal enregistré, renforçant l'idée d'un casier non seulement rétrospectif mais également évolutif, parfois sur de longues années.

Cette énumération, d'une ampleur remarquable, illustre la volonté du législateur français d'encadrer de manière quasi-exhaustive les décisions donnant lieu à une inscription au casier judiciaire au-delà même des seules condamnations pénales. Elle témoigne d'un réel souci de clarté et de sécurité juridique en définissant rigoureusement les contours d'un facteur majeur de la mémoire pénale. Il en résulte qu'en principe, tout individu condamné en France pour une infraction sexuelle de quelque nature que ce soit - délictuelle ou criminelle – voit systématiquement la mention de sa condamnation figurer au CJN.

26. Un vide juridique majeur entourant la notion de casier judiciaire et son contenu au Canada. À rebours de cette exigence procédurale française de clarté et de transparence, le droit canadien se caractérise par une grande incertitude, non seulement quant à la définition même du casier judiciaire, mais également, et plus problématiquement, quant aux critères de son alimentation. De fait, aucun texte législatif ni réglementaire ne dresse de manière exhaustive – ni même sommaire – la liste des décisions donnant lieu à inscription, et la doctrine, que l'on penserait plus loquace, se montre malheureusement bien hésitante sur la nature exacte des informations à conserver.

La définition susmentionnée du casier judiciaire au Canada donnée par Hélène Dumont, et visant les « condamnations pénales », laisse à penser que toutes les infractions pénales sont susceptibles de donner lieu à une inscription au casier judicaire. Cette définition est en réalité lacunaire, ou à tout le moins imprécise, car seules les infractions relatives au Code criminel[1] ou à d'autres lois fédérales, comme la *Loi réglementant certaines drogues et autres substances* par exemple[2], font l'objet d'une mention au casier. Autrement dit, aucune infraction aux lois pénales provinciales ou municipales ne donneront lieu à un casier judiciaire[3].

Nonobstant cette précision, la réalité est parfois encore toute autre : toutes les infractions aux lois pénales fédérales ne font pas nécessairement en pratique l'objet d'une inscription au casier. En effet, le « casier judiciaire », selon les divergences terminologiques liées à la notion, peut également se définir limitativement comme la « liste des condamnations pénales, **corroborées par les empreintes digitales des personnes**, telle que compilée par la [GRC] ». Ces relevés d'empreintes digitales sont effectués par les divers corps policiers à travers le Canada selon les dispositions de la *Loi sur l'identification des criminels*[4].

---

[1] Le *Code criminel* est une loi fédérale comprenant la définition de la plupart des infractions criminelles édictées par le Parlement du Canada.
[2] TIRCHER, P. et HEBERT, G., « Le profil des personnes judiciarisées au Québec », *Institut de recherche et d'informations socioéconomiques*, 17 nov. 2021, p. 2.
[3] Tel est par exemple le cas des infractions au *Code de la sécurité routière du Québec* qui ne font pas l'objet d'une mention au casier judiciaire de l'auteur.
[4] L.R.C. (1985), ch. I-1. A jour au 14 avril 2025. Dernière modification le 19 août 2024.

Mention doit être faite ici qu'il existe trois catégories d'infractions criminelles au Canada : les *infractions punissables par procédure sommaire* (les moins graves), les *actes criminels,* aussi appelés *infractions punissables par mise en accusation* (les plus graves) et une catégorie intermédiaire rationnellement dénommée « mixte » ou « hybride » dans la mesure où le poursuivant est laissé libre de choisir de traiter l'infraction comme une infraction de la première ou de la seconde catégorie, en se fondant sur des critères tels que la gravité des actes ou l'étendue des dommages causés[1]. Au titre de la *Loi sur l'identification des criminels* susmentionnée, les policiers canadiens ont le pouvoir de procéder au relevé des empreintes digitales des personnes « détenues parce qu'elles sont inculpées ou qu'elles ont été déclarées coupables », ou qui « auraient commis un acte criminel et qui sont convoquées pour comparaître devant la cour »[2] d'un acte criminel ou d'une infraction dite « mixte » qui pourrait être considérée comme un acte criminel[3]. Plus précisément, la loi dispose qu'est « autorisée » cette prise d'empreintes, ce qui permet donc légitimement de déduire qu'il ne s'agit pas là d'une obligation légale. Toutefois, l'article suivant dispose quant à lui qu'il est « *permis de recourir à la force dans la mesure où elle est nécessaire pour mener à bien les mensurations*

---

[1] La Cour suprême a affirmé ce pouvoir discrétionnaire du ministère public dans son choix du mode de poursuite, précisant qu'il s'agissait là « d'une caractéristique essentielle de la justice criminelle » dans *R. c. Beare; R. c. Higgins*, 1988 CanLII 126 (CSC), [1988] 2 R.C.S. 387, par. 60 à 62. V. aussi Gouvernement du Canada, V° « Infractions criminelles ». En ligne. Accessible au : https://www.justice.gc.ca/fra/jp-cj/victimes-victims/tribunaux-court/infractions-offences.html

[2] Paragraphe 2(1)c)i) de la *Loi sur l'identification des criminels*

[3] Art. 2(1) de la *Loi sur l'identification des criminels*, L.R.C (1985), ch. I-1.

et autres opérations mentionnées au paragraphe (1) »[1]. Il faut ici comprendre que les forces de l'ordre ne sont pas tenues légalement d'une obligation positive de soumettre tout individu inculpé ou condamné pour un acte criminel au relevé de ses empreintes digitales, mais que cela relève d'une forme de systématisme conventionnel en pratique, et qu'ils disposent légalement du pouvoir de contraindre l'individu à coopérer sans quoi ce dernier commettrait une nouvelle infraction pénale[2]. La *Loi sur l'identification des criminels* ne visant que les actes criminels, elle exclut donc nécessairement implicitement de son champ d'application les infractions punissables par voie de déclaration sommaire, et donc pour lesquelles les policiers ne sont pas autorisés à procéder au relevé des empreintes digitales. Bien que rien dans la loi ne l'interdise formellement pour autant, il n'en reste pas moins que les accusés desdites infractions demeurent parfaitement libres de refuser de se soumettre au bertillonnage, pouvant ainsi échapper à l'édiction voire la complétion d'un « casier judiciaire » dans le sens entendu précédemment[3].

---

[1] Art. (2) de la *Loi sur l'identification des criminels*, L.R.C (1985), ch. I-1.

[2] Il en va de même en France où l'officier de police judiciaire « peut » faire procéder aux prélèvements biologiques, sans que la loi ne l'impose explicitement, et dans certains cas sans l'assentiment de la personne concernée au titre de l'article 706-56 du Code de procédure pénale, alinéas 1et 5. Les alinéas suivants disposent même que le fait pour la personne de refuser de se soumettre à ces prélèvements constitue une infraction pénale punie d'un an d'emprisonnement et de 15 000 euros d'amende, le quantum de la peine pouvant être porté à 2 ans d'emprisonnement et 30 000 euros d'amende lorsque les faits sont commis par une personne condamnée pour crime.

[3] LANDREVILLE, P., « Le casier judiciaire : un frein à la réinsertion sociale », in ASRSQ, *Le casier judiciaire : quand l'être humain n'est plus qu'un dossier*, Porte Ouverte, Vol. XVI, n°2, 2004, p.4.

Ce dernier point revêt une importance particulière dans le sens où, au Canada, certaines infractions criminelles de nature sexuelle peuvent être punissables sur déclaration de culpabilité sommaire dans la mesure où elles sont classifiées dans le *Code criminel* comme des infractions mixtes. C'est le cas notamment de l'agression sexuelle simple (intégrée aux « voies de fait ») prévue à l'article 271 du *Code criminel*, mais également de la plupart des « infractions d'ordre sexuel »[1], dont les « contacts sexuels »[2], « incitation à des contacts sexuels »[3], « exploitation sexuelle »[4], « voyeurisme »[5], « publication etc. non consensuelle d'une image intime »[6]. Si ces infractions ne peuvent être regardées comme exclusivement sommaires, la lecture de l'article 34(1)c) de la *Loi d'interprétation*[7] nous renseigne sur la présomption de 34(1)a) faisant d'une infraction un acte criminel « si le texte prévoit que le contrevenant peut être poursuivi par mise en accusation », qui cesse définitivement au jour de la condamnation du contrevenant. Ce statut intermédiaire des infractions mixtes est source d'une grande imprécision en droit pénal canadien. Quid alors d'une obligation pour les individus qui « auraient commis un acte criminel »[8] d'une

---

[1] Partie V du *Code criminel*, art. 150 à 183.
[2] Art. 151 C. crim.
[3] Art. 152 C. crim.
[4] Art. 153 C. crim.
[5] Art. 162 C. crim.
[6] Art. 162.1 C. crim.
[7] L.R.C. (1985), ch. I-21.
[8] Alinéa 2(1)c) de la *Loi sur l'identification des criminels*. L'ajout de cet alinéa en 1996 est lié à la réforme du cautionnement entamée à la fin des années 1960 et qui visait la remise en liberté d'un plus grand nombre d'individus tout en obtenant leurs empreintes puisque n'est plus exigé qu'ils soient « détenus et inculpés » ou « déclarés coupables » (*R. c. Beare ; R. c. Higgins,* 1988). V. *Lapointe c. R.,* 2019 QCCS 792 (CanLII), par. 73.

infraction hybride de se soumettre à l'application de la *Loi sur l'identification des criminels* susvisée, alors même que la poursuite a décidé de poursuivre par voie de déclaration sommaire de culpabilité ? Doit-on considérer que l'infraction hybride est un acte criminel jusqu'à la condamnation ou la décision du mode de poursuite suffit-elle à exclure l'application de la *Loi sur l'indentification des criminels* aux contrevenants dans le cas d'une procédure sommaire ? C'est à peu près en ces termes que la question a été posée à la chambre criminelle de la Cour supérieure du Québec dans un arrêt *Lapointe c. R.* de 2019[1]. La juge Lachance, reprenant les termes employés par le juge Fish dans *R. c. Dudley* selon lesquels « si le ministère public opte pour la procédure sommaire, l'infraction mixte ***est considérée à tous égards*** comme une infraction punissable sur déclaration de culpabilité par procédure sommaire », et conclut donc que « les juges de paix n'avaient pas le pouvoir d'enjoindre les requérants à se soumettre à la *Loi sur l'identification des criminels* suite au choix du ministère public de déposer les accusations pour

---

[1] *Lapointe c. R.*, 2019 QCCS 792 (CanLII). La juge Lachance reprend ici les positions divergentes adoptées par le juge Lajoie dans l'arrêt *Lapointe c. Lacroix* de la Cour d'appel du Québec de 1981, qui avançait que « la description de l'infraction dans la sommation n'enlève pas le caractère d'acte criminel à l'offense reprochée » et qu'ainsi « le juge de paix avait juridiction pour enjoindre à la prévenue de se soumettre au bertillonnage », et celle du juge Fish dans *R. c. Dudley*, 2009 CSC 58 (CanLII), [2009] 3 R.C.S. 570 qui contredit la position retenue par la juge Charron selon laquelle « le choix du ministère public de poursuivre une infraction mixte par voie procédure sommaire (...) ne change aucunement la nature sous-jacente de l'infraction qui reste un acte criminel » (par. 74), pour retenir finalement une analyse contraire à celle adoptée dans *Lapointe c. Lacroix* en soulignant qu'une infraction mixte ne peut en aucun cas être regardée comme un acte criminel une fois que le ministère public a choisi une poursuite par procédure sommaire, en application de l'article 34(1)c) de la *Loi d'interprétation*.

voie de procédure sommaire »[1]. Ainsi, selon cette interprétation actuelle du droit, les auteurs d'infractions sexuelles ne nature hybride poursuivis par procédure sommaire n'ont vraisemblablement aucune obligation de se soumettre au bertillonnage, et peuvent donc avoir été condamnés sans pour autant avoir un quelconque casier judiciaire au sens d'institution comme nous la connaissons en France.

Cette imprécision terminologique entourant la notion de casier judiciaire et la variabilité de son contenu au Canada ne relève pas d'un simple flou technique sans incidence. Elle révèle une faille structurelle majeure, dans laquelle le seul choix procédural du ministère public — entre mise en accusation ou procédure sommaire — peut déterminer si une condamnation donnera lieu, ou non, à l'existence d'un casier. Or, pour une même infraction, il est alors possible que l'un soit juridiquement stigmatisé de manière durable, tandis qu'un autre en soit totalement exempté. Une telle disparité de traitement, fondée non sur les faits mais sur le choix du mode de poursuites, en opportunité, interroge profondément les principes d'égalité devant la loi, de prévisibilité juridique, et de cohérence normative[2].

27. D'exception de fait à exception de droit. Si le système canadien semble permettre, en pratique, l'existence de cas de non-inscription au casier judiciaire, ces situations relèvent moins d'un choix juridique explicite que d'un réel vide normatif. L'absence de cadre légal précis conduit à des disparités factuelles qui ne traduisent pas une quelconque

---

[1] *Ibid,* par. 79.

[2] En France, l'opportunité des poursuites relève également d'un pouvoir discrétionnaire accordé au procureur de la République au titre de l'article 40 du CPP, mais les alternatives aux poursuites pouvant être choisies par ce dernier ne constituent pas des condamnations, et ne donnent donc pas lieu à un casier judiciaire.

volonté de clémence, mais bien une incertitude sur le régime applicable. À l'inverse, il existe bien, tant en droit français qu'en droit canadien, des exceptions à l'inscription automatique au casier judiciaire qui sont prévues de manière formelle. Celles-ci répondent cette fois à une logique assumée de bienveillance à l'égard de certains auteurs d'infractions, afin de leur éviter une trop grande stigmatisation et ainsi préserver leurs perspectives de réinsertion.

B. Les exceptions de non-inscription

28. La construction tripartite française du CJN. Pour rappel, en France, les inscriptions au CJN sont réparties en trois bulletins distincts, qui diffèrent tant par leur contenu que par leur accessibilité et leur finalité. Le premier, le bulletin n°1 (B1) est le plus complet : aux termes de l'article 774 du CPP, il s'agit du « *relevé intégral des fiches du casier judiciaire applicables à la même personne* ». Le bulletin n°2 (B2) est une version expurgée, un extrait du B1, et est défini de manière négative par le législateur à l'article 775 du CPP. Ainsi, n'y figurent pas les informations les moins importante, et notamment celles pour lesquelles des procédures d'oubli et de pardon ont été mises en œuvre[1]. Le bulletin n°3 (B3) se différencie des deux premiers, que l'on pourrait qualifier de *professionnels* en raison de leurs destinataires et finalités, en ce qu'il est la version « grand public » du casier judiciaire, une sorte de certificat « passe-partout »[2] qui, seul, peut être délivré à la personne qu'il concerne, et qui est défini positivement à l'article 777 du CPP comme contenant certaines condamnations prononcée

---

[1] ELEK, C., *Le casier judiciaire,* PUF, coll. Que sais-je ?,1988, p. 67.
[2] *Ibid,* p.74.

par une juridiction nationale pour crime ou délit, lorsqu'elles ne sont pas exclues du B2.

29. Dispenses d'inscription aux B2 et B3 : entre clémence encadrée et exclusion ciblée. En droit français, il est possible, dans certains cas, de demander qu'une condamnation ne figure pas aux bulletins n°2 et 3. Cette demande peut être formulée avant que le jugement définitif soit rendu par la juridiction répressive, ou à la requête du condamné, instruite et jugée postérieurement. C'est la première hypothèse qui nous intéresse ici car, lorsqu'elle est accordée au moment du jugement, la dispense apparaîtra certes dans le jugement de condamnation, mais ne se matérialisera jamais sur les bulletins B2 et B3.

L'article 775-1 du CPP prévoit ainsi que « le tribunal qui prononce une condamnation peut exclure expressément sa mention au bulletin n°2 ». Il s'agit là d'un mécanisme particulièrement protecteur dans la mesure où il emporte également le relèvement de toutes les interdictions, déchéances ou incapacités de quelque nature qu'elles soient attachées à cette condamnation. Toutefois, cette bienveillance judiciaire ne bénéficie pas à tous : la loi n°2004-204 du 9 mars 2004, dite « Perben II »[1] a expressément exclu du bénéfice de ce dispositif les auteurs d'infractions sexuelles en insérant un alinéa 3 à l'article 775-1 du CPP. Celui-ci interdit la dispense d'inscription au B2 pour toutes les infractions mentionnées à l'article 706-47 du CPP, et parmi lesquelles figurent notamment les crimes de viol, délits d'agressions sexuelles, de proxénétisme, de recours à la prostitution, de corruption de mineur, d'atteintes sexuelles et tentatives, etc.

---

[1] Loi n°2004-204 du 9 mars 2004 portant adaptation de la justice aux évolutions de la criminalité, *JO,* 10 mars 2004.

Il est particulièrement révélateur que des quinze alinéas qui composent cet article, seuls deux ne concernent pas des infractions à caractère sexuel : les crimes de meurtres ou d'assassinat commis sur mineur ou en état de récidive légale, et les crimes de torture ou d'actes de barbarie et crimes de violences sur un mineur de quinze ans ayant entrainé une mutilation ou une infirmité permanente (respectivement les 1° et 2° de l'article 706-47 du CPP). Ainsi, les infractions sexuelles, y compris parmi les délits les moins graves du droit commun, se trouvent traitées avec une sévérité toute particulière, parfois même supérieure à celle réservée à des crimes d'une extrême gravité. Ce traitement différencié, pleinement assumé par le législateur, illustre bien une politique pénale marquée par une logique de marginalisation systématique des auteurs d'infractions sexuelles, sans distinction selon la nature ou la gravité des faits, les plaçant dans une catégorie à part, inéligible à une quelconque atténuation judiciaire.

La dispense d'inscription au bulletin n°3, quant à elle, est prévue à l'article 777 du CPP. Moins puissante dans ses effets, elle ne permet pas – contrairement à celle relative au B2 – le relèvement de toutes les incapacités ou déchéances relevant de la décision de condamnation. Néanmoins, jusqu'en 2012, elle pouvait s'appliquer à toutes les condamnations, y compris celles visées à l'article 706-47. En effet, l'article 777 ne renvoyait alors qu'au seul alinéa 1er de l'article 775-1 du CPP et non à l'alinéa 3 introduit en 2004 et qui en réduit le champ d'application. La Cour de cassation avait d'ailleurs confirmé cette lecture dans un arrêt relevant qu'« *aucun texte n'interdit l'exclusion de mention au bulletin n°3 du casier judiciaire des condamnations prononcées pour l'une des infractions mentionnées à l'article 706-47 du [CPP]* »[1]. Mais cette brèche a rapidement été refermée par la loi du 27 mars 2012, venue aligner entièrement le régime de dispense d'inscription au B3 sur celui du B2. Depuis lors, le B3 ne peut exclure une condamnation que si cette dernière est également exclue du B2 : l'alinéa 1er de l'article 777 dispose que « *le bulletin n°3 est le relevé des condamnations suivantes (...) lorsqu'elles ne sont pas exclues du [B2]* ». Ce renvoi emporte donc la même exclusion automatique pour les infractions sexuelles listées à l'article 706-47 du CPP.

Par ce double verrouillage, le législateur a donc clairement affiché sa volonté de priver les auteurs d'infractions sexuelles, quels qu'ils soient, de toute forme d'effacement judiciaire symbolique, y compris lorsque la juridiction serait disposée à faire preuve de clémence. Une telle sévérité, uniforme et systématique, soulève nécessairement la question de la proportionnalité de la réponse pénale et du traitement différencié des infractions sexuelles par rapport aux autres infractions du droit commun. C'est en effet au regard de ces principes de nécessité et de proportionnalité des peines, consacrés à l'article 8 de la Déclaration des droits de l'Homme et du Citoyen, que cette exclusion spécifique des auteurs d'infractions sexuelles du bénéfice des articles 775-1 et 777 du CPP a été dénoncée par les auteurs d'une QPC que la Cour de cassation refusera de transmettre au Conseil constitutionnel, affirmant simplement que l'inscription au casier judiciaire ne constituait pas, au regard de la loi, une « peine » *stricto sensu* au regard de la loi[2].

---

[1] Crim. 22 juin 2005, n°05-81.247, *AJ pénal*, 2005, 376, obs. M. Herzog-Evans, Dr. pénal 2005, comm. 164, obs. Maron.

[2] Crim. 8 août 2012, n°12-90.037, *Dr. Pénal* 2013, Chron. 3, obs. E. Bonis-Garçon et V. Peltier.

30. La dispense de peine. Un autre mécanisme prévu à aux articles 132-58 et suivants du CP permettrait en principe de bénéficier d'une exception de non-inscription de la condamnation au CJN : la dispense de peine. Il s'agit pour la juridiction, après avoir déclaré le prévenu coupable, de le dispenser de toute peine (autre que des confiscations d'objets dangereux ou nuisibles si cela s'avère nécessaire) lorsqu'elle considère que *« le reclassement du coupable est acquis, que le dommage causé est réparé et que le trouble résultant de l'infraction a cessé »*[1]. Alors, comme le précise l'alinéa 2 de l'article 132-59, la juridiction peut également décider que la décision ne sera pas mentionnée au casier. Néanmoins, il faut préciser que cet autre preuve de clémence n'est possible qu'en matière correctionnelle, aux termes de l'article 132-58 du CP, ce qui exclut naturellement les crimes de viol et autres délits de nature sexuelle qui, aggravés par une circonstance ou une autre, ferait basculer l'infraction dans la criminalité. Même si les infractions sexuelles ne sont pas ici explicitement exclues du champ d'application de la dispense de peine, ses conditions strictes en font un mécanisme peu approprié dans ce contexte infractionnel. On ne peut effectivement que difficilement imaginer que les dommages tant physiques que psychologiques causés à la victime d'une infraction sexuelle aient pu être réparés…sans même que soit abordée la question du reclassement spontané de l'auteur qui semble tout aussi improbable. Il est donc fort peu étonnant qu'aucun effectif de dispense de peine ne figure au titre des condamnations prononcées pour des cas d'infractions sexuelles dans le rapport de statistiques du service ministériel de la justice de 2024[2].

---

[1] Art. 132-59 CP.

[2] MINISTERE DE LA JUSTICE, *Références Statistiques Justice*, V° ch. 14 « Le traitement judiciaire dans différents contentieux », 2024,

31. L'absolution conditionnelle ou inconditionnelle. En droit canadien, selon la lettre de l'article 730 du Code criminel, lorsqu'un accusé plaide coupable ou est reconnu coupable d'une infraction pour laquelle la loi ne prescrit pas de peine minimale[1] ou qui n'est pas punissable d'un emprisonnement de quatorze ans ou de l'emprisonnement à perpétuité, la juridiction de jugement peut absoudre inconditionnellement ou sous conditions l'accusé, si elle estime qu'il en va de son intérêt véritable[2] et ce, sans nuire à l'intérêt public[3] pour autant. Il s'agit de la forme de

---

pp. 144-145. En ligne. Consultable au : https://www.justice.gouv.fr/documentation/etudes-et-statistiques/references-statistiques-justice-2024

[1] En France, les peines planchers, mesure phare de l'ancien président Nicolas Sarkozy adoptée en 2007 augmentaient significativement la sévérité des peines à l'encontre des récidivistes légaux dans une perspective de dissuasion. Les autres peines à l'encontre des primo-délinquants ou réitérants restaient inchangées. Elles ont été largement décriées et finalement supprimées en 2014 par la loi n°2014-896 du 15 août 2014 relative à l'individualisation des peines et renforçant l'efficacité des sanctions pénales (JO n°0189 du 17 aout 2014) sous la présidence de François Hollande. À l'inverse, *le Code criminel* et la *Loi réglementant certaines drogues et autres substances* imposent des peines dites « minimales » - aussi appelées « sanctions minimales obligatoires » - pour plus d'une quarantaine d'infractions, sans considération pour les antécédents judiciaires du contrevenant, ni pour la nature de l'infraction commise.

[2] La jurisprudence a eu l'occasion de préciser le critère de l' « intérêt véritable de l'accusé» et le définit comme suit : « Generally, the first condition would presuppose that the accused is a person of good character, without previous conviction, that it is not necessary to enter a conviction against him in order to deter him from future offences or to rehabilitate him, that the entry of conviction against him may have significant adverse repercussions. ». V. *Corbeil-Richard* c. *R.*, 2009 QCCA 1201, par. 35, citant *R.* c. *Fallofield*, (1973) 1973 CanLII 1412 (BC CA), 13 C.C.C. (2d) 450, 454 et 455.

[3] Là aussi, la jurisprudence a pu préciser la notion en soulignant qu'il s'agit de prendre en cause l'objectif de la dissuasion générale, la gravité

sanction la plus clémente qui puisse formulée à l'encontre d'un condamné car celui-ci « *est réputé ne pas avoir été condamné à l'égard de l'infraction* »[1]. Si l'absolution n'est pas une mesure d'exception et peut ainsi être ordonnée chaque fois que les conditions y donnent ouverture, les critères précis énoncés au paragraphe 730(1) en réduisent toutefois nettement la portée. Dans un arrêt très récent de la Cour du Québec, *R. c. Leoni,* en date du 12 février 2025, le juge Magnan a eu l'occasion de rappeler qu'« une étude de la jurisprudence permet d'affirmer que l'absolution est rarement la mesure adéquate pour des infractions à l'article 271 C. crim.[2], bien qu'il existe des cas où elle s'impose, l'affaire *Rozon*[3] étant assurément la plus connue »[4]. Il est en effet rappelé par le juge que « *les principes de dénonciation et de dissuasion doivent primer lors de l'imposition des peines [et que] (...) la priorité à accorder à ces principes conduit souvent les tribunaux à conclure que l'absolution n'est pas la sanction appropriée pour punir la commission d'agression sexuelle* »[5]. Toutefois, ce n'est pas chose si rare puisque qu'une jurisprudence relativement abondante témoigne d'absolutions inconditionnelles ou conditionnelles octroyées à des auteurs d'agressions

---

de l'infraction, son incidence sur la communauté, l'attitude du public à son égard et la confiance de ce dernier dans le système judiciaire. V. *Rozon* c. *R.*, 1999 CanLII 11146 (QC CS), par. 41, cité dans *Corbeil-Richard*, précité, note 72, par. 38.

[1] Art. 730(3) du C. crim.

[2] L'article 271 C. crim renvoie à l'infraction d'agression sexuelle simple, au titre des « voies de fait ». Cette infraction s'applique à une très large gamme de comportements, allant de l'attouchement non désiré au rapport sexuel non consensuel, c'est-à-dire l'équivalence en France de la réunion de plusieurs infractions séparées, allant du délit d'atteinte au crime de viol.

[3] *R.* c. *Rozon*, 1999 CanLII 11146 (QC CS), [1999] R.J.Q. 805 (C.S.).

[4] *R. c. Leoni*, 2025 QCCQ 413 (CanLII), par. 90.

[5] *Ibid,* par. 91-92.

sexuelles[1], dont un arrêt rendu seulement une semaine plus tôt, *R. c. Pachany*[2], dans lequel la juge Costom rappelle que « l'absolution n'exclut aucun crime »[3] et se montre en faveur d'une absolution conditionnelle[4] après étude des critères spécifiques énoncés à l'article 730 du *Code criminel.*

Ainsi, des deux côtés de l'Atlantique, le droit pénal prévoit des mécanismes permettant d'éviter, à certaines conditions, l'inscription d'une décision pénale au casier judiciaire, même si la portée effective de ces mécanismes diverge considérablement de l'un à l'autre. Là où le droit français encadre strictement les hypothèses de non-inscription en les assortissant de nombreuses exclusions – notamment et principalement en matière d'infractions sexuelles -, le droit canadien, plus souple en apparence, confie une large marge d'appréciation aux juridictions, préférant une appréciation casuistique à la garantie d'une égalité de traitement. Cette inégalité d'accès à l'oubli n'est pas sans conséquences : elle conditionne le sort tant judiciaire que socio-professionnel de l'individu au-delà de la condamnation inscrite car lorsque celle-ci subsiste dans les registres accessibles — que ce soit à destination des

---

[1] Pour ne citer que quelques arrêts récents : *R.* c. *Gravel*, 2018 QCCA 1114 ; *R.* c. *Turk*, 2021 QCCA 359 ; *R.* c. *Dumais*, 2017 QCCQ 11020 ; *R.* c. *Côté-Nault*, 2020 QCCQ 1975 ; *R.* c. *Toupin*, 2020 QCCQ 3072 ou encore *R.* c. *Bouchard Noël*, décision non répertoriée 2020 QCCQ 2203 (CanLII), 200-01-217722-184 du 12 juin 2020, rendu par le juge Steve Magnan.

[2] R. c. Pachany, 2025 QCCQ 306 (CanLII).

[3] *Ibid*, par. 85.

[4] L'accusé avait subi de très importants dommages professionnels et sociaux (perte d'emploi et impossibilité d'en retrouver, stigmatisation sociale etc) du fait de cette accusation pour avoir accédé à de la pornographie juvénile, et le juge a considéré que la peine serait trop sévère si un casier judiciaire venait de surcroit entraver ses perspectives de réinsertion.

autorités judiciaires —, elle devient le point de départ d'une nouvelle forme de peine, diffuse, silencieuse, mais profondément contraignante.

§2 : Les conséquences d'une inscription au casier judiciaire

32. Des conséquences multiples. L'inscription au casier judiciaire ne se limite pas à une fonction de mémoire administrative : elle emporte des conséquences juridiques et sociales concrètes, qui prolongent la sanction dans le temps. Ces effets se manifestent tant dans le champ judiciaire — où elle influe sur le traitement futur de l'individu — (**A**) que dans la sphère socio-professionnelle, où elle entrave les perspectives de réinsertion du condamné (**B**).

A. Les conséquences judiciaires

33. La nature de la récidive. La récidive est comprise dans le système répressif français comme une « circonstance aggravante », à savoir un facteur permettant au juge de prononcer une peine au quantum plus élevé que celle normalement encourue par un primo-délinquant. Plus précisément, elle est l'une des deux circonstances aggravantes dites générales – avec l'utilisation d'un moyen de cryptologie[1] -, ce qui signifie qu'elle s'applique à toutes les infractions[2]. À l'inverse, en droit criminel canadien, la

---

[1] Art. 132-79 du CP.

[2] Par opposition aux circonstances aggravantes dites spéciales qui ne concernent qu'une ou plusieurs infractions spécialement et limitativement déterminées par la loi (par exemple, l'usage d'une arme, l'âge de la victime, la qualité de l'auteur, la bande organisée, etc). V. BOULOC, B., *Droit pénal général*, Dalloz, 28ème éd., 2023, pp. 619-621.

règle est celle de la spécialité, c'est-à-dire lorsqu'un texte l'a expressément prévue pour une infraction donnée. Tel est le cas pour plusieurs infractions à caractère sexuel, à commencer par l'agression sexuelle prévue à l'article 271 du Code criminel, l'agression sexuelle armée (art. 272 C. crim) ou encore l'agression sexuelle grave (art. 273 C. crim.).

34. Aggravation des peines et peines planchers. En France, la lutte contre la récidive repose en grande partie sur un alourdissement systématique du régime des peines applicable aux récidivistes. Qu'elle soit criminelle ou délictuelle, la récidive légale emporte, en principe, le doublement du maximum légal encouru (C. pén., art. 132-9 et 132-10). Une exception toutefois à l'article 132-68 du Code pénal : en cas de récidive pour un crime ou un délit puni de dix ans d'emprisonnement par la commission d'un crime, lorsque la peine encourue est de vingt ou trente ans de réclusion criminelle, celle-ci est portée à la perpétuité, et non à quarante ou soixante ans. Cependant, cet effet d'élévation du plafond légal apparaît presque inutile à bien des égards : en pratique, les juridictions prononcent rarement des peines proches du maximum encouru pour les primo-délinquants, de sorte que ce dernier offre généralement une marge suffisante pour sanctionner plus sévèrement un récidiviste, sans qu'il soit nécessaire de recourir au doublement formel du quantum. En ce sens, l'aggravation du maximum légal constitue un outil symbolique de durcissement plus qu'un levier effectif de la répression de la récidive par la dissuasion.

Surtout, contrairement au système canadien, la France ne connaît plus aujourd'hui aucun mécanisme contraignant de peine minimale, du type « peine plancher ». Ces dernières avaient été introduites par la loi n°2007-1198 du 10 août

2007[1], fixant des seuils incompressibles de peine en cas de récidive : de cinq à quinze ans en matière criminelle, et d'un à quatre ans en matière correctionnelle (anciens articles 132-18-1 et 132-19-1 du CP). La peine plancher imposée au récidiviste surpassait souvent le maximum que ce même juge aurait envisagé pour un primo-délinquant, rendant le régime nettement plus sévère, parfois de manière disproportionnée. Fortement critiquées pour leur rigidité, ces dispositions ont été abrogées par la loi du 15 août 2014[2] relative à l'individualisation des peines, qui a réaffirmé le principe de modulation judiciaire fondée sur les circonstances, la personnalité de l'auteur et les perspectives de réinsertion.

35. Exclusion du bénéfice du sursis. En France, la situation de récidive légale est un frein au prononcé d'un sursis. Le sursis simple n'est pas envisageable en cas de récidive légale pour un crime ou un délit[3], et le sursis probatoire ne peut être prononcé que si le maximum de la peine encourue est de 10 ans[4], ce qui exclut nécessairement nombre de crimes, et ne pourra être appliqué à la totalité de la peine. Il s'agit là d'une autre expression de la volonté du législateur de prévoir sévérité accrue dans le prononcé des peines à l'encontre des récidivistes. De manière similaire, le *Code criminel* canadien prévoit une révocation du sursis accordé par ordonnance en cas de récidive[5], même si rien ne semble interdire au tribunal de prononcé une peine

---

[1] *Opt. cit.* n°47.
[2] *Idem*
[3] Art. 132-30 CP.
[4] Art. 132-41 CP.
[5] Art. 742.7(1) C. crim.

assortie d'un sursis à l'encontre d'un condamné en état de récidive[1].

36. Le casier, mode de preuve de la récidive. Le casier judiciaire est l'élément de preuve principal de l'état de récidive légale d'un prévenu. En effet, le bulletin n°1du CJN permet aux magistrats de la juridiction de jugement de se renseigner sur le passé pénal de l'accusé et ainsi de confirmer une potentielle situation de récidive légale qui entrainerait nécessairement des conséquences sur le quantum et le régime des peines applicables. Autrefois en France, la juridiction de jugement ne pouvait relever l'état de récidive que si celui-ci était visé à la prévention[2] mais la loi du 12 décembre 2005[3] est venue permettre au juge de le relever d'office.

Les mentions au bulletin n°1 suffisent en pratique à établir la preuve de la récidive si celle-ci n'est pas contestée par le prévenu. Ce dernier peut les contester et demander que soient transmises au ministère public copie des condamnations passées dont il a fait l'objet, même si l'automatisation et la centralisation du CJN laissent généralement peu de place à l'erreur.

37. Champ d'application indifférencié. Que ce soit en France ou au Canada, la circonstance aggravante de récidive ne distingue pas selon la nature de l'infraction, et les infractions sexuelles ne font pas figure d'exception, même s'il est possible qu'elles ne répondent pas, au même

---

[1] La prise en compte des antécédents judiciaire de l'accusé de manière générale par les juges conduit éventuellement à exclure le bénéfice d'un sursis car les conditions de protection de la société etc ne seraient pas remplies.

[2] Crim., 17 déc. 1997, *Bull. crim.* n°434.

[3] Loi n°2005-1549 du 12 décembre 2005 relative au traitement de la récidive des infractions pénales, *JO* n°289 du 13 décembre 2005.

titre que d'autres infractions, aux conditions légales prévues[1]. Néanmoins, si d'un point de vue judiciaire, les conséquences de l'inscription au casier judiciaire ne distinguent pas selon la nature de l'infraction, certaines conséquences socio-professionnelles sont davantage marquées en raison du caractère sexuel des condamnations.

B. Les conséquences socio-professionnelles

38. Les antécédents judiciaires, critère de discrimination socio-professionnelle à long terme. Les conséquences socio-professionnelles d'une condamnation, *a fortiori* pour infractions sexuelles, dès lors qu'elles figurent au casier judiciaire, sont particulièrement lourdes tant en France qu'au Canada. Dans les deux pays, ces conséquences débordent très largement de la sphère pénale pour affecter durablement les droits sociaux et professionnels de la personne condamnée, constituant ainsi une véritable peine, invisible et invisibilisée, notamment en matière d'accès à l'emploi, au logement, aux assurances ou encore à la mobilité internationale.

39. Un frein à l'emploi. « La seule présence d'un casier judiciaire diminue d'au moins de moitié les chances

---

[1] Néanmoins, on observe une augmentation significative du nombre de peines d'emprisonnement à purger dans la collectivité (comprendre avec sursis) depuis l'entrée en vigueur de la loi C-5 modifiant le Code criminel et la Loi réglementant certaines drogues et autres substances du 17 novembre 2022 qui a abrogé la condition des peines minimales obligatoires instaurées dans les années 2000. Parmi elles, un grand nombre sont prononcées dans le cas d'infractions sexuelles, parfois alors que l'auteur est en état de récidive. En effet, la récidive n'est pas un éléments excluant au titre des conditions d'octroi du sursis prévues à l'article 742.1 du *Code criminel*. V. *R. c. Nicolas*, 2025 QCCQ 1583 (CanLII).

d'obtenir un emploi ; dans certains domaines d'emploi, ce pourcentage augment jusqu'à 80% »[1]. Que ce soit en France ou au Canada, la mention d'une condamnation au casier judiciaire constitue *de facto* une entrave majeure à l'accès ou au maintien dans l'emploi, public comme privé. En France, le CPP encadre les modalités de communication du casier judiciaire aux employeurs : seul le bulletin n°2, version expurgée du B1, peut être délivré aux administrations publiques dans le cadre de demandes d'emplois publics, aux autorités militaires, administrations et personnes morales présentes sur une liste déterminées par décret, administrations ou organismes chargés par la loi ou le règlement du contrôle de l'exercice d'une activité professionnelle ou sociale faisant l'objet de restrictions particulières, et autres autorités compétentes déterminées par décret du ministre de la justice ou autres ministres intéressés[2]. Certains secteurs réglementés et principalement la fonction publique exigent que le casier judiciaire ne fasse mention d'aucune condamnation incompatible avec les missions du poste. C'est le cas notamment des enseignants dans l'Education nationale ou un établissement privé sous contrat, d'un fonctionnaire de police, de gendarmerie, aux douanes ou encore agent pénitentiaire, des magistrats, greffiers, avocats au barreau, assistants familial, médecin et professionnels de santé dans une structure publique etc[3].

---

[1] BERNHEIM, J.-C., *Mémoire : Impacts du casier judiciaire. Un fardeau à supporter collectivement.*, Comité consultatif clientèle judiciarisée adulte et Association des services de réhabilitation sociale du Québec, 2010, p11.

[2] Art. 776 CPP.

[3] L'article L321-1, 3° du Code général de la fonction publique dispose que « nul ne peut avoir la qualité de fonctionnaire (…) si les mentions portées au bulletin n°2 de son casier judiciaire sont incompatibles avec l'exercice des fonctions ». Cette interdiction vaut également pour tout ressortissant d'un autre Etat mentionné à l'article L.321-2 qui aurait

Plus récemment encore, une proposition de loi visant à rendre obligatoire le casier vierge pour les candidats à une élection locale a été déposée le mardi 15 octobre 2024 à l'Assemblée nationale[1]. Cette absence de condamnation au casier, si elle peut être un frein à l'emploi, peut surtout être la cause de la perte de cet emploi[2] et ainsi placer le condamner dans une situation d'une particulière précarité de surcroit. Paradoxalement, on sait pourtant depuis longtemps que l'emploi constitue véritablement « la pierre angulaire de la cohésion sociale, « (...) voire son « Grand Intégrateur » »[3].

Au Canada, la législation fédérale et les lois provinciales en particulier regorgent de dispositions prohibant formellement toute personne ayant fait l'objet d'une condamnation criminelle d'accéder à certains emplois et postes publics, d'exercer un métier ou une profession voire d'obtenir un permis[4]. En vertu de la Loi sur l'emploi dans la fonction publique[5], les antécédents criminels sont évalués dans le cadre de vérifications de sécurités, notamment pour des postes dits sensibles, et c'est le cas notamment au

---

subi une condamnation incompatible avec des fonctions (art. L321-3 CGFP).

[1] Proposition de loi de M. Olivier Marleix (Droite Républicaine), visant à renforcer « la confiance des citoyens envers leurs représentants ». Il est fait mention de l'absence de caractère perpétuel d'une telle mesure en ce que les auteurs de cette proposition soulignent les règles permettant l'effacement, à la demande ou automatique, du casier judiciaire ; pour autant que ceux-ci soient effectifs et accessibles.

[2] Le fonctionnaire peut etre suspendu de ses fonctions (art. L531-1 CGFP), voire radié de ses fonctions (art. L550-1 CGFP).

[3] BAREL, Y., « Le grand intégrateur », *Connexions*, Vol. 56, pp. 85-100.

[4] V. SINGLETON, T. J., « La discrimination fondée sur le motif des antécédents judiciaires et les instruments antidiscriminatoires canadiens », *Revue du Barreau canadien*, Vol. 72, 1993, p. 460.

[5] L.C. 2003, ch. 22, art. 12 et 13.

gouvernement fédéral, dans les assurances, dans les services de sécurité, dans les banques, dans l'enseignement, les soins ou encore le bénévolat[1]. De la même manière qu'en France, cette vérification peut entraîner l'exclusion du candidat si la condamnation est jugée incompatible avec les responsabilités du poste : un ordre professionnel peut par exemple refuser la délivrance d'un permis à une personne judiciarisée comme ce peut être le cas pour une inscription à l'Ordre des infirmières et infirmiers du Québec ou pour le Barreau[2].

40. Des restrictions spécifiques pour les professions impliquant un contact avec des personnes vulnérables. Les condamnations pour infractions sexuelles font l'objet de restrictions à l'emploi plus spécifiques encore, et ce, dans les deux pays, en particulier concernant les professions impliquant un contact avec des personnes vulnérables, notamment les mineurs. En France, l'inscription au Fichier judiciaire automatisé des auteurs d'infractions sexuelles ou violences (FIJAISV)[3] est obligatoire pour toute condamnation pour infraction sexuelle et cette inscription entraîne, *de facto*, une incapacité d'exercer certaines activités : par exemple, l'article L.133-6 du Code de l'action sociale et des familles interdit explicitement toute activité professionnelle ou bénévole auprès de mineurs pour les personnes inscrites au FIJAISV. De la même manière, au Canada, les conséquences d'une condamnation pour un infraction sexuelle sur l'accès à l'emploi sont nombreuses et relèvent d'un régime complexe, mêlant droit pénal, droit

---

[1] *Opt. cit.* BERNHEIM, J.-C., p. 12.
[2] *Idem.*
[3] Créé par la loi n°2004-204 du 9 mars 2004 portant adaptation de la justice aux évolutions de la criminalité, *JO* n°59 du 10 mars 2004, dite « Perben II », il vise à faciliter l'identification et la localisation des auteurs d'infractions sexuelles ou violentes et à prévenir la récidive.

administratif et droit du travail[1]. Les employeurs, et en particulier dans le domaine public ou de secteurs réglementés, peuvent voire doivent demander une vérification d'habilitation pour personnes vulnérables au titre des articles 6.3(1) et suivants de la *Loi sur le casier judiciaire*[2].

41. Autres incapacités. De nombreuses autres incapacités viennent entraver la réinsertion du condamné : du logement aux assurances, en passant par les déplacements à l'étranger, la mention d'une condamnation au casier ferme de nombreuses portes. Avec l'emploi, le logement est le deuxième facteur de réinsertion le plus important[3] – et à l'inverse, l'instabilité de logement celui de la récidive[4] – mais en raison de la facilité d'accès au casier judiciaire d'une personne au Canada avec ses seuls nom, prénom et date de naissance, de façon parfaitement libre et gratuite au greffe criminel du palais de justice, ou sur le site internet de la Société québécoise d'information juridique (SOQUIJ), moyennant certains frais, il est particulièrement aisé pour un bailleur de rechercher les antécédents judiciaire d'un potentiel locataire et ainsi écarter un candidat ayant déjà été condamné[5]. De même, les idées

---

[1] Par exemple, le règlement *Professional Misconduct*, O Reg 437/97 en Ontario exclut du bénéfice d'un certificat d'enseignement toute personne reconnue coupable d'infraction sexuelle.

[2] L.R.C., 1985, ch. C-47.

[3] LEASURE, P., « Securing private housing with a criminal record", *Journal of Offender Rehabilitation,* Vol. 58, 2019, p.31.

[4] STEINER, B., MAKARIOS, M.D., et TRAVIS, L.F., « Examining the effects of residential situations and residential mobility on offender recidivism", *Crime & Delinquency*, Vol. 61, 2015, pp. 375-301.

[5] La Société canadienne d'hypothèques et de logement (SCHL) se montre très transparente en affirmant que « dans la plupart des provinces, les propriétaires-bailleurs peuvent, en toute légalité, agir de

reçues sur la dangerosité présumée ou la malhonnêteté d'une personne judiciarisée sont un véritable frein à l'obtention d'une assurance sur la base d'un « risque moral »[1]. Cette discrimination ouverte n'est possible, si l'infraction n'a aucun lien avec la nature ou le contenu de l'assurance, qu'au Québec car la *Common Law* qui s'applique dans le reste du pays oblige l'assureur à démontrer un lien entre l'infraction et le « risque » allégué[2]. Plus handicapant encore, la personne judiciarisée au Canada peut se voir refuser voire révoquer son passeport par le ministre de la Sécurité publique et de la Protection civile du Canada[3]. Outre même la question du passeport, il est parfois bien difficile pour le condamné de franchir les frontières : à l'instar des assurances, voyager est un privilège et non un « droit », qui peut donc être refusé, et ainsi impacter indirectement des opportunités d'emploi qui nécessiteraient une certaine mobilité internationale. Les conséquences sont encore nombreuses (potentielle perte de droit de garde et de visite en vertu d'un paragraphe 3(1) de la *Convention relative aux droits de l'enfant*[4]des Nations Unies s'il n'en va pas du meilleur intérêt de l'enfant, inhabilité à être juré au Québec[5], inéligibilité à une

---

façon discriminatoire à l'égard des personnes qui ont un casier judiciaire ». V. *opt. cit.* BERNHEIM, J.-C., p. 14.

[1] LOMAMI, S., *Impacts du casier judiciaire chez l'immigrant et l'étranger – Criminels à vie (!?),* L'Harmattan, 2022, p. 71.

[2] *Ibid,* p. 72.

[3] Décret sur les passeports canadiens, TR/81-86.

[4] *Convention relative aux droits de l'enfant*, Assemblée générale des Nations Unies, Résolution 44-25, 20 novembre 1989.

[5] Art. 4j de la *Loi sur les jurés,* ch. J-2.

élection[1], perte du permis de conduire[2]), et notamment sur des aspects moins juridiques et plus sociaux, privés et parfois intimes de la personne, que ce soit dans ses relations aux autres, l'altération de sa réputation etc.

42. Une protection limitée contre la discrimination. Les incapacités « sont si nombreuses qu'en les combinant toutes ensemble, les concepts de dégradation civique et de mort civile, historiquement associées à la peine capitale et disparus du droit civil québécois, survivent encore, sous une forme diffuse et morcelée, dans de multiples incapacités juridiques consécutives à diverses condamnation pénale »[3]. Malgré des conséquences particulièrement lourdes, la protection contre la discrimination fondée sur l'existence d'un casier judiciaire reste largement limitée, tant au Canada que dans l'Union européenne. Au Canada, la *Charte canadienne des droits et libertés* ne prévoit qu'une légère protection concernant l'emploi pour les personnes ayant été condamnées pour une infraction mais uniquement si celle-ci n'a « *aucun lien avec l'emploi ou si cette personne a obtenu le pardon* »[4]. Certaines garanties existent

---

[1] Art. 65g de la *Loi électorale du Canada,* L.C. 2000, ch.9. Au Québec : art. 235 alinéa 5° de la *Loi électorale*, c E-3-3.

[2] L'art. 180 du *Code de la sécurité routière* évoque des hypothèses de révocation de plein droit du permis pour certaines infractions : négligence criminelle, homicide involontaire etc.

[3] DUMONT, H., « Le casier judiciaire : criminel un jour, criminel toujours ? », in POUPART, A., *Le respect de la vie privée dans l'entreprise : de l'affirmation à l'exercice d'un droit – Journées Maximilien-Caron 1995*, Montréal, Thémis, 1996, p. 129.

[4] Art. 18.2 de la *Charte des droits et libertés des personnes*, tel que modifié en 1982 : « Nul ne peut congédier, refuser d'embaucher ou autrement pénaliser dans le cadre de son emploi une personne du seul fait qu'elle ait été déclarée coupable d'une infraction pénale ou criminelle, si cette infraction n'a aucun lien avec l'emploi ou si cette personne a obtenu le pardon ».

à l'échelle provinciale, mais là encore, ces garanties ne sont pas absolues : par exemple, si le *Human Rights Code* en Ontario[1], interdit à un employeur de discriminer un candidat ou un salarié sur la base d'une condamnation, cela ne vaut là aussi que pour « une infraction pour laquelle un pardon a été accordé »[2]. Au sein de l'Union européenne, la *Charte des droits fondamentaux de l'Union européenne* proclame bien le principe général de non-discrimination[3] mais elle ne l'étend pas spécifiquement aux détenteurs d'un casier judiciaire. Aucun instrument européen n'interdit réellement l'usage du casier comme critère de discrimination puisque celui-ci est perçu, au contraire, comme un outil de protection de la sécurité publique et de prévention de la récidive. Cette tendance inverse prolonge la peine du condamné et entrave bien plus sa réinsertion, au risque pourtant d'augmenter le risque qu'elle chercher à évincer.

43. De la discrimination induite à la sanction judiciaire réfléchie. Au-delà des obstacles structurels auxquels le condamné doit faire face en raison de l'accessibilité de son casier judiciaire, des sanctions prononcées par les autorités judiciaires prolongent - voire aggravent - les effets de la sanction principale : il s'agit là d'une forme de stigmatisation secondaire institutionnalisée.

---

[1] R.S.O. 1990, ch. H.19., art 5.

[2] C'est-à-dire pour une suspension du casier judiciaire au sens de l'article 4.1 de la *Loi sur le casier judiciaire,* L.R.C., 1985, ch. C-47, suspension qui n'est pas ouverte aux personnes condamnées pour infractions sexuelles. Cela vaut également pour la *Loi canadienne sur les droits de la personne*, L.R.C. 1985, c. H-6, qui a élargi en 1977 le cadre d'application de la protection contre la discrimination de la personne **réhabilitée** seulement.

[3] Art. 21 de la Charte.

Section 2 : Sanctions pénales et stigmatisation secondaire

44. De la sanction à la stigmatisation. La présente section s'attache à analyser les effets stigmatisants induits non plus par les seules conséquences indirectes de la condamnation (comme le casier judiciaire), mais par des dispositifs formellement décidés par le juge. Seront néanmoins laissées de côté les peines principales que sont la réclusion criminelle, l'emprisonnement ou l'amende, dans la mesure où ces sanctions, bien qu'évidemment stigmatisantes, demeurent largement communes à l'ensemble des infractions, sans distinction selon leur nature. L'attention se portera donc sur un autre type de réponses pénales dont la portée pratique et symbolique est considérable : les mesures spécifiquement orientées vers la prévention de la récidive. Qu'ils relèvent des peines complémentaires (**§1**) ou des mesures de sûreté (**§2**), ces dispositifs s'inscrivent dans une logique de surveillance ciblée, mobilisant une grande diversité de mécanismes d'interdiction, d'injonction ou de contrôle. Ce sont ces réponses, situées à la frontière du droit pénal, du droit administratif et du droit de la protection sociale, qui traduisent avec le plus de netteté la spécificité du traitement juridique réservé aux auteurs d'infractions sexuelles.

Ce choix d'analyse suppose d'abord une clarification terminologique : si les mesures de sûreté sont traditionnellement distinguées des peines au motif qu'elles poursuivent une finalité exclusivement préventive et non pas rétributive, elles n'en demeurent pas moins contraignantes, obligatoires et imposées par les juridictions de jugement. C'est à ce titre qu'elles seront ici intégrées à la notion de « sanction pénale »[1], entendue au sens large comme la « conséquence officielle et obligatoire d'une situation contraire au Droit ou socialement nuisible »[2].

§1 : Le recours quasi systématique aux peines complémentaires

45. Diversification des mesures et recours croissant. En France comme au Canada, les législateurs ont progressivement élargi le panel des peines complémentaires, notamment dans une perspective de prévention de la récidive, en particulier pour les infractions considérées comme présentant une dangerosité particulière, telles que les infractions sexuelles. Si leur mise en œuvre dépend souvent de la nature et de la gravité de l'infraction, le juge conserve, en principe, une marge d'appréciation quant à leur prononcé, leur adaptation ou leur révision[3] (**§1**). Cette latitude tend cependant à se réduire à mesure que

---

[1] La définition de « sanction » est particulièrement débattue en doctrine. V. en ce sens, CHAINAIS, C. et FENOUILLET, D., « Le droit contemporain des sanctions, entre technique et politique. Présentation et conclusions de la recherche collective », in CHAINAIS, C. et FENOUILLET, D. (dir.), *Les sanctions en droit contemporain,* vol. 1, coll. L'esprit du droit, Dalloz, 2012, p. 6. La sanction pénale n'est pas nécessairement liée à une incrimination, ni toujours prononcée par un juge pénal : elle entretient des rapports complexes avec des sanctions d'autres natures, qu'elles soient civile, administratives, disciplinaires ou commerciales. V. en ce sens, PONCELA, P., *Droit de la peine,* coll. Thémis, PUF, 2001, pp. 33-49.

[2] MERLE, R. et VITU, A., *Traité de droit criminel – Problèmes généraux de la science criminelle. Droit pénal général*, t.1, 7ème éd., Paris, Cujas, 1997, n°656, p. 827.

[3] La notion de peine accessoire (peine attachée automatiquement à certaines peines principales) a disparu en France avec l'avènement du nouveau code pénal de 1994. Ainsi, l'article 132-17 du CP indique formellement qu' « aucune peine ne peut être appliquée si la juridiction ne l'a pas expressément prononcée ».

la loi érige certaines peines complémentaires en obligations automatiques, traduisant une volonté politique de renforcer la réponse pénale dans des domaines sensibles (**§2**).

A. Nature et contenu des obligations et interdictions

46. Des peines communes applicables aux infractions sexuelles. Le code pénal français prévoit un très large éventail de peines complémentaires communes à de nombreuses infractions, applicables lorsque le texte punissant ladite infraction le prévoit : l'article 131-10 du Code pénal dispose que la peine peut revêtir le caractère d'une « *interdiction, déchéance, incapacité ou retrait d'un droit, injonction de soins ou obligation de faire, immobilisation ou confiscation d'un objet, confiscation d'un animal, fermeture d'un établissement ou affichage de la décision prononcée ou diffusion de celle-ci soit par la presse écrite, soit par tout moyen de communication au public par voie électronique* ». Ces peines s'appliquent à toutes les infractions pour lesquelles la loi le prévoit, et parmi celle-ci figurent notamment les infractions à caractère sexuel. Plus concrètement, il peut s'agir d'un retrait total ou partiel de l'autorité parentale concernant les actes à caractère incestueux (art. 222-31-2, 227-27-3 CP), des peines prévues à l'article 131-9 pour les atteintes sexuelles sur mineur de 15 ans par une personne morale (art. 227-28-1 CP), et pour les délits d'atteintes sexuelles : d'une interdiction des droit civiques, civils et de famille (art. 131-26 CP), de la suspension ou annulation du permis de conduire[1], d'une interdiction de quitter le territoire de la

[1] Fort habilement, celle-ci peut être limitée à la conduite en-dehors de l'activité professionnelle afin de permettre au condamné de ne pas être impacté professionnellement et donc économiquement par ladite peine. Toutefois cela interroge nécessairement sur la pertinence d'une telle

République, la confiscation de la chose ayant servi, qui était destinée à commettre ou qui est le produit de l'infraction, d'une l'interdiction d'exercer une activité professionnelle ou bénévole impliquant un contact habituel avec des mineurs, d'une obligation d'accomplir un stage de responsabilité parentale (art. 131-35-1 CP), de la diffusion de la décision (art. 131-35 CP) et, pour les crimes spécifiques, notamment de délaissement ou de mise en péril de mineurs, prévus aux articles 227-2 et 227-16 du CP, d'une interdiction d'exercer une fonction publique ou l'activité professionnelle ou sociale dans l'exercice de laquelle ou à l'occasion de laquelle l'infraction a été commise. Toutes ces mesures sont cumulables, le juge peut donc, en théorie, adapter la réponse pénale et individualiser la peine au plus proche à la fois des besoins du contrevenant et des impératifs de prévention du risque.

Le *Code criminel* canadien prévoit également des peines autres que l'emprisonnement, bien que la terminologie diffère quelque peu : le juge peut rendre des « ordonnances » prescrivant un prélèvement d'ADN, une interdiction de possession d'armes à feu, ou encore une inscription au Registre national des délinquants sexuels. Mais particulièrement, l'article 161(1) du *Code criminel* permet au juge de prononcer certaines interdictions au contrevenant qui aurait commis une infraction sexuelle à l'encontre d'un mineur de seize ans telles que celle de se trouver dans zone publique en présence ou à proximité de mineurs[1] , à proximité de toute habitation ou résidence habituelle de la victime visée à l'ordonnance, de cherche,

---

peine venant entraver la liberté de circuler du condamné plutôt que prévenir la récidive d'une infraction routière pour laquelle aurait pu être prononcée.

[1] L'alinéa a.1) de l'article 161(1) précise une distance de « deux kilomètres », mais cette distance est modulable par le juge.

accepter ou garder un emploi ou bénévolat qui placerait le contrevenant en relation de confiance ou d'autorité vis-à-vis d'un mineur de seize ans, d'avoir des contacts ou de communiquer de quelque manière que ce soit avec une personne âgée de moins de seize ans, et jusqu'à l'utilisation d'internet ou tout autre réseau numérique[1].

47. Le suivi socio-judiciaire, répression spécialisée de la délinquance sexuelle. Il existe néanmoins en droit français une peine complémentaire à l'origine spécialement prévue au titre de la répression de la récidive d'infractions sexuelles (mais également prévue pour certains crimes de nature autre)[2] : le suivi socio-judiciaire, instauré par la loi du 17 juin 1998[3] et prévu aux articles 131-36-1 à 131-36-8 du CP. Ce suivi peut accompagner une peine privative de liberté mais il peut être prononcé à titre de peine principale en matière correctionnelle (art. 131-36-7 CP). Le suivi socio-judiciaire, outre les mesures de surveillance prévues par renvoi aux mesures de contrôle de l'article 132-44 du CP, emportant diverses obligations pour le condamné telles que de répondre aux convocations du juge de l'application des peines (JAP), de recevoir les visites d'un travailleur social, de prévenir ce dernier de changements d'emploi, d'adresse etc, peut également soumettre le condamné aux

---

[1] Il n'est pas question d'un site, ou d'une application, mais bien d'une interdiction globale et générale d'utiliser internet, ce qui peut s'avérer particulièrement contraignant dans la vie de tous les jours en 2025.

[2] Mis en place en réaction à une recrudescence des affaires de pédophilie et autres infractions sexuelles violentes à l'égard de mineurs, le suivi socio-judiciaire est néanmoins également ouvert à certaines atteintes volontaires à la vie, accompagnées de viols, torture ou barbarie au titre de l'article 221-9-1 du CP, élargissant le champ d'application de la peine aux infractions de nature autre que sexuelle.

[3] Loi n°98-468 du 17 juin 1998 relative à la prévention et à la répression des infractions sexuelles ainsi qu'à la protection des mineurs, *JO* n°0139 du 18 juin 1998.

obligations particulières du sursis probatoire prévues à l'article 132-45 du CP telles que l'obligation de ne pas paraître en tout lieu spécialement désigné, notamment s'il accueil un public mineur, de s'abstenir de fréquenter ou rencontrer certaines personnes ou catégories de personnes spécialement désignées, et notamment là encore, les mineurs. Mais une des obligations principales du suivi est l'injonction de soins[1], ordonnée d'après les expertises médicales effectuées au cours de la procédure et donnant lieu à la désignation d'un médecin psychiatre coordinateur qui sera amené à réévaluer l'état de dangerosité du condamné, notamment dans le cadre d'une demande de placement sous surveillance mobile[2] ou de relèvement de la mesure de suivi.

Le législateur canadien a entendu permettre au juge de déclarer le coupable comme « délinquant dangereux » ou « délinquant à contrôler »[3], un régime somme toute

---

[1] C'est dans le cadre de cette injonction de soins que peut être mise en place un traitement médicamenteux visant à réduire la production de testostérone appelé communément « castration chimique » qui, s'il n'est pas rendu obligatoire, exclut néanmoins ceux qui ne s'y soumettrait pas du bénéfice de remises de peines ou de libération conditionnelle. Cette mesure fait largement débat en Europe, et n'est rendu obligatoire dans aucun pays en ce qu'elle porterait alors gravement atteinte à la dignité de la personne humaine. V. également, RIMBAULT, E., « Killing Two Birds with One Stone: Mandatory Therapy and the Prevention of Sex Crime in France », *Culture, Medicine, and Psychiatry*, Vol. 25, 2024, pp. 304-327.

[2] Art. 763-10 CP. V. BOULOC, B., *Droit pénal général,* Dalloz, coll. Précis, 28ème éd., 2023, p. 539.

[3] Le délinquant peut également être présumé l'être s'il a été reconnu coupable d'une infraction punie d'une peine d'emprisonnement de deux ans ou plus, et qu'il a déjà été condamné pour au moins deux autres infractions primaires pour lesquelles il a été condamné à chaque fois d'une peine d'emprisonnement de deux ans ou plus (c'est-à-dire des conditions intrinsèquement liées au multirécidivisme) selon l'article 753.1(1.1) du C. crim.

similaire à celui du suivi socio-judiciaire, notamment dans sa spécification aux délinquants sexuels appelés à retourner dans la société mais qui présentent un risque élevé pour la société, sur la base d'une évaluation de la dangerosité de l'individu telle que définie par l'article 753.1(2) du *Code criminel.* Le tribunal peut prononcer, pour une période pouvant aller jusqu'à 10 ans, un ensemble de conditions prévues au paragraphe 134.1(1) de la *Loi sur le système correctionnel et la mise en liberté sous condition*[1], à savoir une obligation de ne pas troubler la paix, l'interdiction de posséder des armes à feu, l'interdiction de consommer de l'alcool, l'obligation de participer à des séances de counseling etc.

48. Contrôle et appréciation casuistique nécessaire du juge. Si les peines complémentaires répondent à des impératifs légitimes de prévention de la récidive et de réinsertion, encore faut-il qu'elles soient prononcées de manière individualisée, adaptées aux besoins réels du condamné, et non appliquées de façon systématique et arbitraire, au risque de devenir stigmatisantes et contre-productives. Le juge doit donc conserver un pouvoir de contrôle et d'adaptation, permettant la modification, la révocation ou la levée de ces mesures lorsque leur utilité disparaît, ce que la loi prohibe pourtant parfois.

B. Caractère obligatoire ou définitif de la peine

49. Peines obligatoires. Bien que les peines complémentaires soient pensées comme des mesures modulables et individualisées, la tendance législative française récente montre à l'inverse un glissement dangereux vers leur systématisation. Peu de peines

---

[1] L.C. 1992, ch. 20.

complémentaires revêtent un caractère obligatoire mais c'est toutefois le cas – fréquent – de la confiscation spéciale[1] (art. 222-44, 226-31 etc. CP), mais également des interdictions de certains droits civils, civiques et de famille, ou d'exercer l'activité professionnelle ou sociale dans l'exercice de laquelle ou à l'occasion de laquelle l'infraction a été commise etc. La seule garantie présente alors est relative au fait que la peine soit prononcée par le juge : l'article 132-17 du CP dispose clairement qu' « aucune peine ne peut être appliquée si la juridiction ne l'a expressément prononcée », mais qu'en est-il alors du respect du principe – pourtant constitutionnel[2] - d'individualisation de la peine ? Faudrait-il y voir ici une expression d'une individualisation constitutionnelle et non plus légale[3], adoptée non plus par le juge mais pas le législateur lui-même en amont, et qui s'appliquerait à une catégorie d'auteurs perçue comme individu au pluriel ?

50. Caractère définitif relatif. Certaines interdictions revêtent également un caractère, en apparence, définitif. C'est le cas, depuis modification par la loi du 21 avril 2021[4], de l'article 222-48-4 du CP concernant l'interdiction d'exercer une activité au contact de mineurs (au titre de l'article 222-45, 3°) qui est dorénavant encourue à titre définitif. Non seulement cela, mais elle revêt également un

---

[1] C'est-à-dire portant sur certains objets présentant un lien avec l'infraction. Crim. 8 janv., 2014, n° 13-80087 *Bull. crim.* n° 4.
[2] V. Cons. const., déc. n° 2005-520 DC du 22 juillet 2005. Le principe découle de l'article 8 de la DDHC.
[3] V. théorie affirmée par Monsieur Stéphane DETRAZ : DETRAZ, S., « L'individualisation de la sanction pénale, Le point de vue du pénaliste », in HOURQUEBIE, F., et PELTIER, V. (dir.), *Droit constitutionnel et grands principes du droit pénal*, Cujas, 2013, p. 173.
[4] Loi n° 2021-478 du 21 avril 2021 visant à protéger les mineurs des crimes et délits sexuels et de l'inceste, *JO* n°0095 du 22 avril 2021.

caractère obligatoire, bien que relatif, puisque le juge peut, par décision spécialement motivée, décider de ne pas prononcer cette peine, ce qui, par déduction, signifie bien que s'il ne le fait pas, elle sera automatiquement prononcée. Le juge a également l'opportunité de la prononcer non pas à titre définitif mais pour une durée de dix ans au plus, ce qui lui laisse finalement une marge de manœuvre malgré la nécessité pour lui d'en ressentir une nécessité expresse qu'il devra démontrer.

51. Révision et relèvement des peines. En France, certaines peines complémentaires peuvent faire l'objet d'un relèvement, d'une modification ou d'une révision, notamment le suivi socio-judiciaire, que le juge de l'application des peines peut adapter en fonction de l'évolution du condamné (art. 763-1 et s. CP), sauf lorsqu'il a été prononcé à titre principal (763-6 CP). Cette révision suppose souvent une expertise, notamment une évaluation de la dangerosité. Au Canada, les ordonnances d'interdiction prononcées par le juge peuvent également être modifiées sur demande de la personne condamnée ou du procureur, après réévaluation du risque (art. 161(3) C. crim.). Dans les deux systèmes, l'adaptabilité reste possible, mais elle est conditionnée par une démarche proactive, une expertise probante, et reste soumise à l'appréciation du juge, qui conserve un pouvoir de modulation limité par la logique de prévention. Rappelons le principe de nécessité de la peine, proclamé à l'article 8 de la DDHC de 1789, ou celui de la proportionnalité rappelé implicitement à l'article 12 de la *Charte canadienne des droits et libertés*[1] : les peines complémentaires, à titre de

---

[1] Également principe constitutionnel dans l'ordre juridique français depuis la décision Cons. const., déc. n°86-215 DC du 3 septembre 1986.

peines, doivent pouvoir être réévaluées afin de s'assurer qu'elles soient toujours effectivement nécessaires, tant à la protection de la société qu'au relèvement du condamné[1].

52. Sanction en cas de non-respect. Dans les deux systèmes, français et canadiens, le non-respect des interdictions et obligations prononcées à titre de peines complémentaires ou dans le cadre d'ordonnances rendues par le juge est sanctionné, parfois sévèrement. En France, les sanctions sont fixées en fonction de l'objet de la peine complémentaire prononcée lors du procès initial. Dans le cas du suivi socio-judiciaire, la décision le prononçant fixe également la durée maximum de l'emprisonnement encouru en cas de manquement[2]. De la même manière, le juge canadien peut sanctionner, au titre de l'article 753.3(1) du *Code criminel* une violation de l'ordonnance de surveillance longue durée d'un emprisonnement maximal de dix ans (acte criminel), et constitue une infraction hybride, punissable soit par mise en accusation soit par procédure sommaire la violation d'une ordonnance d'interdiction, suivant la lettre de l'article 161(4) du même code.

Cette surenchère répressive, qui alourdit la peine au nom de la prévention, ne s'arrête pas aux seules peines complémentaires : elle s'étend désormais à des dispositifs présentés comme non répressifs mais pourtant profondément contraignants. Les mesures de sûreté, sous couvert d'une finalité purement préventive, traduisent en réalité une logique de contrôle continu et une défiance

[1] V. par exemple, Crim. 3 juin 2015, n°14-86.507.

[2] Il ne peut excéder trois ans en cas de condamnation pour délit et sept ans en cas de condamnation pour crime. Le JAP peut ordonner la mise à exécution de l'emprisonnement et pour cela, délivrer un mandat d'amener ou d'arrêt.

envers toute forme de réinsertion durable, ancrées dans une société obsédée par l'anticipation du risque.

§2 : Les mesures de sûreté, quand la prévention devient sanction

53. Exception française. Les mesures de sûreté, aussi couramment désignées comme « mesures de police et de sécurité »[1], bien que coercitives, imposées à des individus identifiés comme « dangereux » pour la société pour prévenir les infractions ou leur réitération, se différencient des peines tout en partageant avec elles le caractère plus général de sanction pénale susmentionné. Ce mécanisme de nature juridique à tout le moins ambiguë ne trouve pas réellement d'équivalent en droit canadien qui n'impose aucune sanction punitive, répressive, privative de liberté de quelque sorte que ce soit, à visée préventive ou non, sans qu'elle ne soit définie au *Code criminel* comme une peine. Notion doctrinale issue de l'école positiviste italienne, elle n'est pas toujours véritablement reconnue comme autonome et distincte par le législateur qui l'a d'abord rattachée, dans le cadre pénal, aux peines complémentaires dans le Code pénal (**A**). Cette sanction, capable de priver et restreindre les libertés de l'individu sur le seul postulat d'une notion aussi subjective et arbitraire, ni juridique, ni scientifique, que la « dangerosité », doit nécessairement faire l'objet d'un contrôle accru, au risque de voir les principes et garanties d'un État de droit bafoués pour avoir succombé à une demande sociale irréaliste de « risque zéro »[2] (**B**).

---

[1] CONTE, P. et MAISTRE DU CHAMBON, P., *Droit pénal général*, Armand Colin, 7ème éd., 2004, p.260.

[2] Idée avancée par Pascal Beauvais dans sa critique de la décision du Conseil constitutionnel du 7 aout 2020 vis-à-vis de la loi instaurant des

A. Une peine déguisée

54. Une distinction floue entre peine et mesure de sûreté. Si elles sont théoriquement distinctes des peines, la frontière séparant les mesures de sûreté de l'autre sanction pénale par excellente est de plus en plus difficilement perceptible. Cette porosité des catégories se manifeste notamment à travers la nature des mesures en question : alors que certaines mesures de sûreté sont plus officiellement reconnues et appliquées comme telles - affirmant une certaine autonomie de la mesure -, à savoir les mesures de rééducation prises à l'égard des mineurs (CJPM, art. L112-1 s.), celles prises à l'encontre de personnes atteintes de troubles psychiques relevant en pratique d'une hospitalisation, de suspension ou annulation de permis de conduire et autres (art. 706-136 CPP), celles prises en considération des personnes adonnées aux stupéfiants (traitement, cure de désintoxication ou surveillance médicale ; CSP, art. L3413-1 s., art. L. 3423-1, al. 2, art. L. 3424-1 etc.), d'autres, à l'inverse, fonctionnent sous la dénomination de peine. Formellement, elles sont prévues au Code pénal sous la dénomination de peines complémentaires : interdiction de séjour, retrait du passeport, confiscation, interdiction d'exercer une fonction ou une profession, déchéances ou incapacités personnelles, et parmi elles, le suivi socio-judiciaire. Le suivi socio-judiciaire présente pourtant tous les caractères d'une mesure de sûreté : prévention de la récidive, surveillance, mesures d'éloignement de la victime ou de public mineur…

---

mesures de sûreté à l'encontre des auteurs d'infractions terroristes à l'issue de leurs peine. V. BEAUVAIS, P., « Le régime constitutionnel des mesures de sûreté », *RSC*, 2020, p. 619. V. également, CNCDH, avis relatif à la PPL instaurant des mesures de sûreté à l'encontre des auteurs d'infractions terroristes à l'issue de leur peine, 23 juin 2020, p. 4.

D'autres mesures encore sont prises par l'autorité administrative mais ont bien pour but de prévenir la commission d'infractions futures, en récidive ou non (internement des aliénés, expulsion, reconduite à la frontière etc.). C'est par leur finalité que le Conseil constitutionnel distingue jurisprudentiellement les mesures de sûreté des peines, bien que les conséquences recherchées et celles ignorées, bien que prévisibles, sont souvent identiques[1].

55. Quand logique préventive et répressive se confondent. Si les mesures de sûreté ne poursuivent pas un quelconque but rétributif ni afflictif, à l'inverse des peines, il peut néanmoins en être tout autrement des effets qu'elles produisent. Certaines mesures de prévention passant par la neutralisation de l'individu dangereux assurent une protection de la société parfois par des formes de privation de liberté[2] semblables à l'incarcération. Cela est le cas notamment de la rétention de sûreté prévue par la loi du 25 février 2008[3] pour les auteurs de certains crimes graves dont le viol sur mineur, ou aggravé ou en état de récidive si

---

[1] V. ROBERT, J.-H., « La punition selon le Conseil constitutionnel », *Cahiers du Conseil constitutionnel*, n°26 (Dossier : la Constitution et le droit pénal), août 2009, §6.

[2] La distinction « Mesures de sûreté privatives de liberté » et « Mesures de sûreté non privatives de liberté » constitue l'une des nombreuses techniques adoptées par la doctrine pour recenser les mesures de sûreté tantôt par leur fonction, leur nature, le but qui leur est assigné ou les moyens qui sont employés. Cette distinction se retrouve notamment dans : BOULOC, B., *Droit pénal général,* Dalloz, coll. Précis, 28ème éd., 2023, pp. 564-590. ; HERRMANN, J., *Les mesures de sûreté – Etude comparative des droits pénaux français et allemand*, Université de Strasbourg, thèse soutenue le 20 novembre 2015, 1029 pp.

[3] Loi n° 2008-174 du 25 février 2008 relative à la rétention de sûreté et à la déclaration d'irresponsabilité pénale pour cause de trouble mental, *JO* n°0048 du 26 février 2008.

commis à l'encontre d'un majeur. Cette mesure, prévue à l'article 706-53-13 du CPP permet, lorsque la cour d'assises l'a expressément prévu dans sa décision de condamnation, de placer le condamné déclaré trop dangereux, en raison notamment d'une probabilité élevée de récidive à l'issu d'un réexamen de sa situation à la fin de l'exécution de sa peine, dans un centre socio-médico-judiciaire de sûreté. Cette décision est valable pour un an, renouvelable indéfiniment, c'est-à-dire tant que la commission pluridisciplinaire des mesures de sûretés chargée de la réévaluation de la situation du condamné estime que l'individu présente toujours une dangerosité certaine, en découlant une incapacité à retourner au sein de la société (art. 706-53-16). « Cette mesure entraîne, quoi qu'en dise, une aggravation certaine du sort réservé au délinquant ayant pourtant purgé sa peine »[1]. Il pourrait même être avancé une certaine similitude avec le régime du sursis probatoire dans le sens où la rétention de sûreté peut être prononcée en cas d'inobservation d'interdictions ou obligations prescrites par le tribunal de l'application des peines au titre d'une mesure de surveillance de sûreté (CPP, art. 706-53-13 et s. et R. 53-8-44 et s.), de la même manière qu'il peut prononcer la réincarcération, pour les mêmes motifs, de la personne visée par une mesure de surveillance judiciaire des personnes dangereuses (CPP, art. 723-29 et s. et D. 147-31 et s). Comment considérer que ces mesures privatives de liberté, imposées par le juge de l'application des peines, dont le titre est pourtant assez évocateur de son domaine d'activité, n'ont pas le caractère rétributif, infamant et afflictif des peines et puissent valablement être amenée à ne pas répondre du même régime légal ? Si la souffrance infligée au condamné peut être justifiée par les impératifs

---

[1] MISTRETTA, P., « Enlèvement et séquestration », V° « Rétention de sûreté », Sect. 2, §2, *Rép. pen.*, 2024, par. 41.

de répression et la nécessité de protéger la société, il reste au mieux naïvement illusoire, au pire hypocrite, de prétendre que ces mesures sont dénuées de toute souffrance, alors même que leur caractère coercitif implique nécessairement une atteinte à la liberté et à l'intégrité de la personne concernée[1].

B. Une sanction de la dangerosité

56. Anticipation du risque. Un aspect majeur qui permet de distinguer effectivement cette fois les mesures de sûreté des peines est la possibilité, pour certaines de ces peines, d'être prononcées avant même tout jugement, à savoir « *ante delictum* ». La prévention du risque recherchée par la mesure de sûreté ne concerne alors plus la récidive mais bien la commission première d'une infraction. Cela pose nécessairement des questions en termes d'évaluation de la dangerosité de l'individu concerné, critère pourtant au cœur même du prononcé de telles mesures, qui s'évalue généralement au regard d'une probabilité, toute subjective qu'elle soit, de récidive de l'auteur. Comment déterminer le niveau de dangerosité d'un individu alors même qu'il n'a pas encore commis d'infraction sans porter atteinte à la présomption

---

[1] V. développements de HERRMANN, J., *Les mesures de sûreté – Etude comparative des droits pénaux français et allemand*, Université de Strasbourg, thèse soutenue le 20 novembre 2015, p. 4. Elle y oppose les théories de Carl Stooss (C. Stooss, « Strafrechtliche Systematik », *(schw)ZStR,* n° 44, 1930, p. 156) qui prétend que la mesure de sûreté n'est pas un « mal infligé » comme l'affirme pourtant Givanovitch (T. Givanovitch, *Les problèmes fondamentaux de droit criminel, op. cit.*, p. 227 s.). Pour Karl von Birkmeyer,, le « mal » infligé ne serait qu'un « effet accidentel » (K. von Birkmeyer, *Strafe und Sichernde Massnahmen im Vorentwurf*, Vol. II de *Beiträge zur Kritik des Vorentwurfs zu einem deutschen Strafgesetzbuch*, W. Engelmann, 1910, p. 23).

d'innocence, la liberté individuelle et la légalité des peines (*« nulla poena sine culpa »*) ? Ces mesures sont rares mais existent tant en matière de terrorisme[1], qu'en matière de protection de l'enfance mais également en matière d'infractions sexuelles avec l'inscription au Fichier judiciaire national automatisé des auteurs d'infractions sexuelles ou violentes, dit « FIJAIS »[2]. Cette inscription, visée aux articles 706-53-1 et suivants par renvoi à l'article 706-47 du CPP, peut intervenir certes après la condamnation, même non encore définitive, mais également dès la mise en examen à la demande du juge d'instruction (art. 706-53-2 al. 5° CPP). La seule distinction procédurale tient au quantum de la peine encourue et à la minorité de la victime qui peut rendre obligatoire l'inscription au FIJAIS. La mise en examen, en ce qu'elle requiert pour être prononcée au titre de l'article 80-1 du CPP qu'il « existe des indices graves ou concordants rendant vraisemblable [que l'individu] ait pu participer,

---

[1] La loi n°2021-998 du 30 juillet 2021 relative à la prévention d'actes de terrorisme et au renseignement est venue pérenniser l'inscription dans le droit commun de « mesures de police exorbitantes conférées aux autorités administratives », inspirées de l'état d'urgence et qui avaient été mises en place de façon expérimentale pour une durée limitée par le code de la sécurité intérieure (CSI) par la loi n° 2017-1510 du 30 octobre 2017 dite « SILT ». Parmi ces mesures, les « mesures individuelles de contrôle administratif et de surveillance » (MICAS) pourraient se rapporter à des mesures de sûreté de nature administrative. Le Défenseur des droits avait alors mis en garde contre ce « glissement vers une logique de suspicion », inquiet de voir « une prolongation indéfinie de l'état d'urgence ». V. PUGLIESE, M., « Renforcement de la prévention d'actes de terrorisme : la loi publiée », *D. actu.,* 2021.

[2] Cette inscription au FIJAIS n'est pas considérée par la Cour de cassation comme une peine, comme elle l'a rappelé dans un très récent arrêt : Cass. crim., 23 oct. 2024, n°23-83.736 – *Dr. pén.* 2025, comm. 18, obs. V. Peltier.

comme auteur ou comme complice, à la commission des infractions [visées] », justifie par « indices graves ou concordants » la présomption de la dangerosité de l'individu et ainsi la mise en place de certaines mesures de sûreté même formellement *ante delictum*.

57. Une appréciation casuistique de la dangerosité au service d'une indétermination de la sanction. La notion de dangerosité, en ce qu'elle n'est ni véritablement juridique, ni purement scientifique, s'apprécie au cas par cas, et est susceptible d'évoluer au fil du temps et à l'épreuve des mesures de sûreté, qui ont pour but principal de réduire, jusqu'à néant si possible, cette dangerosité chez l'individu faisant l'objet de la mesure. Ainsi, la durée des mesures de sûreté est par principe indéterminée. Là où les peines font l'objet d'une obligation de moyens dans la mise en œuvre d'une répression qui ne parvient pas nécessairement toujours à éliminer tout danger que pourrait représenter l'individu pour la société, la mesure de sûreté, elle, relève de l'obligation de résultat. Les mesures de sûreté introduites sous la forme de peines complémentaires sont soumises au régime des peines et se voient donc imposer naturellement une durée déterminée, mais le législateur a parfois eu recours au subterfuge de la perpétuité : certaines incapacités peuvent être prononcées à titre définitif[1]. Néanmoins, « si la nature et le but des mesures de sûreté postulent l'indétermination, la sauvegarde de la liberté individuelle exige que soient fixées certaines limites »[2], raison pour laquelle cette indétermination n'est que relative. Ainsi, des durées maximum sont parfois prévues mais, pour éviter à nouveau

---

[1] *Opt. cit.* par. 50.
[2] BOULOC, B., *Droit pénal général,* Dalloz, coll. Précis, 28ème éd., 2023, p. 484.

l'hypocrisie de la perpétuité, le système à privilégier est encore celui du maximum renouvelable, permettant ainsi un réexamen fréquent de l'état dangereux et donc de la nécessité de faire perdurer la mesure en question. Ce réexamen peut également, fort heureusement, être demandé avant le terme de la durée maximale prévue, sur recours[1], garantissant ainsi la sauvegarde de la liberté individuelle.

58. Une dangerosité avérée ou présumée ? « Progressivement, la notion de « dangerosité » a rejailli dans la littérature sous le vocable de « risque de récidive » et elle semble avoir fait émerger un nouveau débat concernant sa possibilité de prédiction »[2]. *Hoc casu*, la dangerosité sera entendue comme celle résultant du risque de récidive. Relativement aux auteurs d'infractions sexuelles, sur-représentés en matière de mise en place de mesures préventives, ce risque semble pourtant parfaitement non-avéré et non susceptible de justifier un tel écart de traitement procédural avec les autres infractions de droit commun. En effet, les statistiques en France notamment montrent *a contrario* que les taux de récidive pour les crimes et délits sexuels sont parmi les plus bas[3].

---

[1] Par exemple, le condamné placé en rétention de sûreté peut demander à la juridiction régionale de la rétention la cessation de cette mesure, après un délai de trois mois (art. 706-53-17 du CP).

[2] ROUSSEAU, C., *Vivre avec un statut « dangereux » : l'expérience pénale d'hommes déclarés « délinquants dangereux » ou « délinquants à contrôler »*, Université de Montréal, 2015, p. 29.

[3] En 2019, 18,5% des condamnés pour délit sexuel étaient en état de récidive ou de réitération, contre 40,3% en moyenne pour l'ensemble des délits. En matière criminelle, 5% des condamnés pour viol étaient en état de récidive légale, soit un taux largement inférieur à celui des crimes violents comme le vol ou le recel (17%). D'aucuns argueraient que c'est là le résultat des mesures mises en place, mais le constat était déjà le même presque 30 ans en arrière, alors que le suivi socio-judiciaire et la rétention de sûreté ne figuraient pas encore au nouveau

Il sembleraient qu'il y ait un véritable amalgame entre dangerosité de l'auteur et gravité de l'infraction : l'auteur d'infraction sexuelle est moins perçu comme dangereux par ce qu'il est que par ce que son acte représente et ce n'est plus tant sa dangerosité personnelle que la charge symbolique, taboue et dérangeante de l'infraction qui justifie un traitement d'exception. Rarement atteint de psychopathologie manifeste, ni profil instable, le délinquant sexuel incarne une forme de transgression insupportable, aussi bien pour la société « normale » que la société délinquante : en détention, il se distingue non par sa dangerosité comportementale, détenu apparemment ordinaire, mais par la nature de son acte qui fait de lui une cible privilégiée du rejet collectif— l'ennemi parmi les ennemis.

59. De la stigmatisation à l'anticipation, une mémoire pénale au service du contrôle. Si le casier judiciaire constitue la mémoire pénale officielle des condamnations, influençant tant la réponse judiciaire que le parcours de vie du condamné, il ne constitue pourtant qu'un fichier parmi la multitude. En marge de cette mémoire centralisée s'est développée pléthore de fichiers judiciaires, policiers et administratifs, dont le nombre et le contenu ont connu une expansion exponentielle ces dernières années. Ces fichiers, parfois méconnus, conservent des traces non seulement des condamnés, mais aussi des mis en cause, des témoins, voire des victimes, élargissant ainsi considérablement les contours de la mémoire pénale au-delà des seules décisions de justice, et engageant parfois dans une véritable dérive sécuritaire au détriment des libertés individuelles.

Code pénal. V. INSEE, *Sécurité et société,* Insee Références, éd. 2021, fiche 4.4 « Récidivistes et réitérants », pp. 146-147.

Chapitre 2 : Fichiers et dérive sécuritaire

60. Rejet de la distinction selon la nature des fichiers. Le « fichier », en son acception générale de *« tout ensemble structuré de données à caractère personnel accessibles selon des critères déterminés, que cet ensemble soit centralisé, décentralisé ou réparti de manière fonctionnelle ou géographique »*[1], répond à des considérations légitimes de prévention de la récidive et de gestion du risque. Dans la continuité de cette approche généraliste, il ne sera pas question ici de distinguer formellement selon la nature policière ou judiciaire des fichiers[2]. Une telle distinction, fondée historiquement sur la séparation des pouvoirs exécutifs et judiciaires en droit français, se révèlerait peu opérante : d'une part, au regard de la finalité commune de prévention de la délinquance, primaire ou récidivante, des fichiers ; d'autre part en raison de la porosité fonctionnelle constatée entre les autorités qui élaborent, utilisent ou

---

[1] Définition du terme « fichier » à l'article 4, §6 du Règlement (UE) 2016/679 du Parlement européen et du Conseil du 27 avril 2016 relatif à la protection des personnes physiques à l'égard du traitement des données à caractère personnel et à la libre circulation de ces données (RGPD), et consacrée en droit interne à l'article 2, al. 2 de la Loi n°78-17 du 6 janvier 1978 relative à l'informatique, aux fichiers et aux libertés. Les définition de « données » et « caractère personnel » sont également données au RGPD.

[2] L'expression « fichiers pénaux » sera préférée pour les développement à venir comme notion englobant les fichiers policiers et judiciaires par leur fonction commune « d'identification, de surveillance et de contrôle social » ; terminologie utilisée par Alice Mornet dans sa thèse : MORNET, A., *Les fichiers pénaux de l'Union européenne. Contribution à l'étude de la protection des données à caractère personnel,* Université de Toulouse, 2020. La notion de « fichier judiciaire » renvoie en réalité à la désignation par le législateur des deux fichiers spécialisés que sont le FIJAIS (dont il sera question ici principalement) et le FIJAIT, placés sous le contrôle des services du CJN.

partagent ces données[1] ; et enfin, dans une considération comparatiste, en raison de l'absence d'un tel distinguo dans le système canadien. En réalité, ne seront exclus que les informations contenues au CJN ayant fait l'objet des de développements précédents, et autres banques de données tenues par les services du CJN comme le répertoire des données à caractère personnel collectées dans le cadre des procédures judiciaires (art. 706-56-2 CPP). Il ne sera fait d'exception que pour le fichier judiciaire automatisé des auteurs d'infractions sexuelles ou violences (FIJAISV[2]) qui, bien que tenu par les services du CJN, constitue un outil mis à la disposition des forces de police et de gendarmerie[3]. Le fichage de la délinquance sexuelle n'a d'importance au regard de cette étude que la mise à mal qu'il peut faire d'un droit à l'oubli éventuel des auteurs.

En outre, dans une société de plus en plus rétive à la dangerosité, la prolifération[4] et la spécialisation des fichiers illustre une dynamique qui « va bien au-delà d'un

---

[1] Distinction opérée et explicitée par Yoann Nabat dans le cadre de sa thèse : NABAT, Y., *Fichiers de police et de justice et libertés fondamentales*, sous la direction de Virginie Peltier, Université de Bordeaux, 2023, pp. 23-25.

[2] Plus couramment désigné par l'acronyme « FIJAIS » qui était en vigueur jusqu'à la modification apportée par la loi Perben II du 9 mars 2004 qui est venue élargir le champ d'application du FIJAIS aux infractions violentes également.

[3] Distinction opérée par Virginie Gautron dans son étude des fichiers de police. V. GAUTRON, V., « Fichiers de police », *Rép. pen.,* Dalloz, 2015, par. 16.

[4] Le terme « prolifération » revient à de nombreuses reprises dans les discours politiques et universitaires. V. par exemple, GAUTRON, V., « La prolifération incontrôlée des fichiers de police », *AJ pén.,* n°2, 2007, pp. 57-61 ; GAUTRON, V., « Une mémoire policière hypertrophiée : la fin du droit à l'oubli ? », *Les cahiers de la justice,* n°4, 2016, p. 607 ; BATHO, D. et BENISTI, J.-A., *Rapport d'information sur les fichiers de police*, Assemblée nationale, 2009.

légitime souci policier de lutte contre la délinquance »[1] (**Section 1**), et traduit une cristallisation sociale de la peur, au risque cette fois de glisser progressivement vers une dystopie orwellienne du passage d'un Etat de droit à un Etat de surveillance (**Section 2**).

Section 1 : Essor et spécialisation du fichage de la délinquance sexuelle

61. Des mutations pénales réactionnelles. La multiplication exponentielle des fichiers pénaux (**§1**), ainsi que leur spécialisation croissante dans certains domaines infractionnels (**§2**), traduisent des mutations plus générales du droit pénal, souvent en réaction à des dynamiques socio-politiques. Parmi elles figure la montée en puissance des discours sécuritaires et féministes, catalysée par une plus forte visibilité médiatique des violences sexistes et sexuelles. Si cette mise en lumière a permis une indispensable et légitime reconnaissance des souffrances des victimes, elle interroge également, dans une certaine mesure, sur les effets d'une exposition publique et juridique prolongée, potentiellement antinomique d'un droit à l'oubli dans ce qu'il a de plus efficace à offrir à la prévention de la récidive par la réinsertion.

§1 : Développement et complexification du fichage

62. Indifférence infractionnelle au phénomène de fichage généralisé. La multiplication exponentielle du nombre de fichiers policiers en France (**A**) et la difficulté posée par un double système de fichage au Canada (**B**) sont

---

[1] BIANCHI, V., « L'effacement des fichiers ou le nouveau mythe de Sisyphe », *AJ pén.*, 2007, p.420.

autant de facteurs de la complexification de la mise en œuvre d'un droit à l'oubli pour les personnes stigmatisées par le fichage, indifféremment selon la nature des infractions en cause.

A. La multiplication des fichiers en France

63. L'informatisation au service d'une hypertrophie de la mémoire policière. Le fichage n'est en rien un phénomène nouveau, on en retrouve des traces dès l'Antiquité dans le développement de procédures de contrôle et d'identification des personnes en méditerranées[1]. Le développement de techniques scientifiques au sein de la police, et notamment de systèmes d'identification par données biométriques telle que le bertillonnage[2] vont marquer un tournant majeur dans le phénomène de multiplication des fichiers de police et d'expansion de leur utilisation fin XIXème et début du XXème siècle, mais ce n'est véritablement qu'avec l'avènement de l'informatisation dans les années 1960-1970 que le fichage va revêtir une tout autre dimension. Cela a notamment permis d'organiser et de mettre à jour les banques de données immenses que constituait déjà la multitude de fichiers manuscrits et tenus dans des registres épars (comme c'était le cas pour les sommiers judiciaires introduits par le Code d'instruction criminelle de 1808, pourtant ayant déjà permis une meilleure organisation par un classement chronologique ou alphabétique). Comme

---

[1] MOATTI, C., et KAISER, W. (dir.), *gens de passage en Méditerranée de l'Antiquité à l'époque moderne. Procédures de contrôle et d'identification,* Paris, Maisonneuve et Larose, 2007, 512pp.

[2] Alphonse Bertillon a développé des techniques dès 1882 au sein du service d'anthropométrie de la préfecture de police de Paris qui ont permis de rationaliser et développer considérablement le fichage policier au XIXème siècle.

soulevé par le ministère de l'Intérieur dans un document classé confidentiel en 1968[1], les possibilités offertes par l'informatisation pour le développement des fichiers sont considérables. De ces possibilités quasi infinies naissent également des risques accrus et ainsi, le besoin de contrôle et de légalité. Si, comme le font remarquer les parlementaires Delphine Batho et Jacques-Alain Benisti dans leur rapport[2], « interdire aux services de police de vivre avec leur temps et d'utiliser les outils d'aujourd'hui pour traquer les délinquants et criminels reviendrait à se tirer une balle dans le pied », il faut néanmoins pouvoir garantir la protection de la vie privée des personnes face à cet impératif sécuritaire. C'est en partie en réaction au projet SAFARI, un système automatisé pour les fichiers administratifs et répertoires des individus, annoncé dans la revue centrale de l'INSEE en 1970[3], et largement critiqué notamment suite à la publication d'un article par Philippe Boucher le 21 mars 1974 dans le journal *Le Monde,* intitulé « SAFARI ou la chasse aux Français »[4], qui dénonçait le caractère liberticide de ce nouveau système, que le gouvernement a mis en place la Commission nationale de l'Informatique et des libertés (CNIL), chargée de veiller à ce que l'utilisation de l'information ne porte pas atteinte

---

[1] Ce document, intitulé « Fichiers de police » consistait en un « répertoire des fichiers de police ayant pour but de faire connaître à ses agents l'ensemble des corpus de données à leur disposition ». V. HEILMANN, E., « Le désordre policier assisté par ordinateur : l'informatisation des fichiers de police en France », *Cahiers de la Sécurité,* n°56, 2005, pp. 145-165.

[2] *Opt. cit. 4.*

[3] DESABIE, J., « L'Insee entreprend d'automatiser le répertoire des personnes », *Economie et Statistique*, n°10, 1970, pp. 69-71.

[4] L'article a eu un retentissement considérable et a eu pour conséquence la suspension du projet par une circulaire du Premier ministre de l'époque, Pierre Messmer, le 29 mars 1974, à peine plus d'une semaine après la publication de l'article.

aux droits et libertés humaines. Le rapport rendu par cette nouvelle autorité administrative fin 1975 sera même à l'occasion de la loi Informatique et libertés du 6 janvier 1978 dont il a été fait mention précédemment[1].

64. Difficultés de l'encadrement juridique. En France, le rapport Alain Bauer de 2007[2] recensait 36 fichiers de police, celui de 2009 en comptait 45[3], le rapport de la Mission d'information sur les fichiers de police[4] les évaluait à 58 et le rapport de recherche de Jean-Marie Cotteret en dénombrerait plus d'une centaine[5], raison pour laquelle il serait évidemment tant impossible que parfaitement contre-productif d'en dresser un inventaire exhaustif[6]. Mais c'est également, problématiquement, une des causes de l'éclatement législatif et réglementaires des

---

[1] *Opt. cit. 1.*

[2] V. BAUER, A. et SOULLEZ, C., *Fichiers de police et de gendarmerie : comment améliorer leur contrôle et leur gestion ?*, Paris, La Documentation française, coll. Collection des rapports officiels, Vol. 1, 2007, 151 pp.

[3] BAUER, A., et al., *Mieux contrôler les fichiers de police pour protéger les libertés : rapport au ministre de l'Intérieur*, Paris, La Documentation française, coll. Collection des rapports officiels, Vol. 1, 2009, 233 pp.

[4] *Opt. cit.* BATHO, D. et BENISTI, J.-A.

[5] COTTERET, J.-M., *Les fichiers de police et de renseignement en France,* Rapport de recherche, Centre Français de Recherche sur le Renseignement (Cf2R), octobre 2017, p. 5.

[6] Les principaux fichiers sont notamment : le fichier automatisé des empreintes digitales (FAED), le fichier des personnes recherchées (FPR), le Traitement d'Antécédents Judiciaires (TAJ) (résultat de la fusion du système de traitement des infractions constatées (STIC) de la police et le système judiciaire de documentation et d'exploitation (JUDEX) de la gendarmerie nationale), les fichiers informatisés des Renseignements généraux, le fichier national automatisé des empreintes génétiques (FNAEG) ou encore le fichier judiciaire national automatisé des auteurs d'infractions sexuelles et violentes (FIJAIS).

dispositions applicables aux fichiers : certaines sont contenues dans la loi de de 1978, précisées par le décret n°2005-1309 du 20 octobre 2005[1], d'autres figurent au CPP (art. 230-6 à 230-27 et R. 40-23 à 40-41) ou encore au Code de la sécurité intérieure (art. L. 222-1, L. 232-1, L.235-1, R. 222-1, R.231-1 à R. 236-45). Mais plus inquiétant encore, certaines dispositions demeurent à l'heure actuelle non codifiées, et ne figurent en réalité qu'au sein de décrets ou arrêtés adoptés progressivement à mesure que de nouveaux fichiers sont créés, ou au sein de textes internationaux issus du Conseil de l'Europe et de l'Union européenne notamment qui peuvent être, dans une certaine mesure, contraignants en droit interne.

65. Effectivité illusoire des recours, un déséquilibre entre sécurité et vie privée. Des recours existent pour protéger le droit à la vie privée[2] face à la multiplication des fichiers policiers, mais même s'ils sont nombreux, leur effectivité demeure très limitée[3]. Si le législateur encadre

---

[1] Décret n°2005-1309 du 20 octobre 2005 pris pour l'application de la loi n°78-17 du 6 janvier 1978 relative à l'informatique, aux fichiers et aux libertés, *JO* n° 0247 du 22 octobre 2005.

[2] Le respect de la vie privée, pourtant initialement ignoré des rédacteurs de la DDHC en 1789, fait l'objet d'une protection à la fois supranationale par la Convention européennes des droits de l'homme et des libertés fondamentales (art. 8), légale par l'article 9 du code civil (inséré par la loi n°70-643 du 17 juillet 1970), et constitutionnelle (originellement par rattachement à l'article 66 de la Constitution par la décision du Cons. const. du 18 janv. 1995, n° 94-352, puis, finalement, à l'article 2 de la DDHC par la décision du Conseil constitutionnel n° 99-416 DC du 23 juillet 1999, un rattachement réaffirmé par une nouvelle décision du Conseil constitutionnel n° 2014-690 DC du 13 mars 2014. Il a même été reconnu comme droit fondamental à l'article 7 de la Charte des droits fondamentaux.

[3] Les procédures d'effacement notamment diffèrent pour chaque fichier, sont souvent loin d'être automatique, parfois même doivent être

en amont les mécanismes de contrôle des fichiers[1], et si certains magistrats exercent un contrôle *a priori* sur leur mise en œuvre[2], un contrôle *a posteriori* peut également être exercé par le Conseil constitutionnel, le Conseil d'Etat, la CEDH ou même la Cour de justice de l'Union européenne. Néanmoins, c'est un contrôle souvent guidé par l'exigence d'un « motif d'intérêt général »[3] ou de« finalités légitimes »[4] , notions interprétées de manière extensive et qui tendant à privilégier les objectifs de sécurité publique au détriment du respect de la vie privée[5]. Ainsi, même lorsque des atteintes particulièrement intrusives sont constatées, elles se voient régulièrement justifiées par les finalités poursuivies, consacrant de fait un

---

entreprises par l'intermédiaire de la CNIL (c'est le cas concernant le TAJ et le SALVAC), et surtout discrétionnaires : le procureur peut s'opposer à l'effacement de données contenues aux fichiers susvisés comme au FNAEG « pour des raisons liées à la finalité du fichier ». V. en ce sens, GAUTRON, V., « La prolifération incontrôlée des fichiers de police », *AJ pénal*, 2007, p. 57.

[1] Directive donnée par la CEDH dans une décision du 4 déc. 2008, *S. et Marper c/ R-U.*

[2] Certains fichiers judiciaires sont placés sous le contrôle du procureur de la République (ex. FAED, FNAEG, FIJAIS et TAJ), qui dirige la police judiciaire au titre des articles 12 et 13 du CPP. Cela constitue une garantie suffisante selon le Conseil constitutionnel (décision n°2003-467 DC du 13 mars 2003).

[3] Le conseil constitutionnel a jugé, dans un considérant de principe, que « le droit au respect de la vie privée implique que « la collecte, l'enregistrement, la conservation, la consultation et la communication de données à caractère personnel doivent être justifiés par un motif d'intérêt général et mis en oeuvre de manière adéquate et proportionnée à cet objectif » », Cons. const., n°2012-652 DC du 22 mars 2012, reprise dans la décision n° 2014-690 DC du 13 mars 2014.

[4] CE, 26 oct. 2011, n°317827, *Association pour la promotion de l'image.*

[5] V. BEGRANGER, G., « Le contrôle des fichiers de police par les juges », *AJ pénal*, 2014, pp. 176-180.

déséquilibre structurel des intérêts en jeu, au détriment des individus fichés.

B. Le double système de fichage canadien

66. Le fédéralisme canadien, facteur d'opacité. L'hypertrophie de la mémoire policière au Canada ne tient pas tant à la multiplication du nombre de fichiers, qu'ils soient judiciaires, policiers ou administratifs, comme c'est le cas en France, mais plutôt à l'organisation étatique même du pays. Etat fédéral, le Canada se compose d'un gouvernement fédéral, de gouvernements provinciaux et territoriaux ainsi que d'administrations municipales. Ce découpage administratif donne nécessairement lieu à un partage des compétences[1], et ainsi à une forme de polycentrisme du fichage canadien[2]. En vertu de l'article 91 de la *Loi constitutionnelle de 1867*[3], le droit criminel relève en principe de la compétence exclusive du Parlement du Canada, qui a également e pouvoir de faire des lois pour « la paix, l'ordre et le bon gouvernement du Canada, relativement à toutes les matières ne tombant pas dans les catégories des sujets par la présente loi exclusivement

---

[1] Le partage des compétences est prévu aux articles 91 à 95 de la *Loi constitutionnelle de 1867*, qui énoncent les domaines relevant exclusivement de la compétence du Parlement du Canada. Ce partage est réputé exhaustif, ce qui signifie qu'un nouveau domaine législatif devrait nécessairement être rattaché à un domaine de compétence préalablement prévu par la *Loi constitutionnelle.*

[2] Geneviève Beausoleil-Allard fait fréquemment mention du « caractère polycentriste » du fichage canadien dans son mémoire de maîtrise : BEAUSOLEIL-ALLARD, G., *Le fichage de la délinquance sexuelle : une érosion des principes de justice criminelle et punitive*, Université de Montréal, 2011, p. 95.

[3] *Loi constitutionnelle de 1867*, 30 & 31 Victoria, ch. 3 (R.-U.), art 91.

assignés aux législatures des provinces »[1]. Toutefois, si le Parlement du Canada peut seul adopter des lois en matière criminelle[2], certaines responsabilités sont dévolues aux provinces, et notamment en matière d' « administration de la justice dans la province » en vertu d'une interprétation jurisprudentielle de la lettre de l'article 92(14) de la *Loi constitutionnelle*, ce qui leur octroie par exemple le pouvoir de légiférer en matière de sanctions pénales en application de lois provinciales[3] (art. 92(14) et 92(15) de la *Loi constitutionnelle de 1867*).

67. Partage de compétence en matière de fichage. Les provinces ont en pratique la charge de veiller au respect et à l'application du *Code criminel* édicté par le Parlement fédéral, notamment en menant les enquêtes, en portant les accusations, en intentant des poursuites associés aux infractions prévues au *Code criminel*. Les provinces disposent également de pouvoirs relatifs aux corps policiers provinciaux et à leur réglementation or, c'est dans le cadre de ces pouvoirs policiers notamment que sont collectées certaines données relatives aux auteurs d'infractions. C'est en outre ce que prévoit l'article 92(13) de la *Loi constitutionnelle* au titre de la compétence provinciale relative à la propriété et aux droits civils qui emporte

---

[1] Il s'agit là d'un pouvoir « résiduaire » dans la mesure où tout ce qui ne relève pas de la compétence exclusive des assemblées législatives provinciales relève alors nécessairement de la compétence fédérale du Parlement du Canada.

[2] Compétence qu'il a notamment utilisée pour porter création du *Code criminel* en 1890, ou encore en adoptant la *Loi sur l'enregistrement de renseignements sur les délinquants sexuelles* (LERDS) en 2004.

[3] Ce peut être le cas notamment de l'imposition d'une amende ou d'une pénalité en lien avec l'infraction à une règle provinciale.

également compétence en matière de prévention du crime[1]. Des mesures dites « quasi-criminelles », comme le fichage, peuvent ainsi s'inscrire dans l'exercice de cette compétence provinciale[2].

La distribution des pouvoirs relatif au fichage provincial a été critiqué et interrogé au niveau constitutionnel. En effet, certaines lois prises au niveau provincial pour organiser le fichage des délinquants, et notamment sexuels comme c'est le cas avec la *Loi de Christopher* en Ontario[3], ont été accusées d'empiéter sur le domaine législatif exclusif du Parlement du Canada[4].

68. Le rejet des allégations de conflit des législations fédérales et provinciales en matière de fichage. De manière générale, l'interprétation jurisprudentielle du conflit de lois appuie le raisonnement tenu par le juge Blair.

---

[1] Par exemple, il a été jugé qu'une province était en mesure de légiférer pour faire cesser toute activité d'une maison close, rattachant cela notamment à la jouissance d'un immeuble et donc à la compétence de l'article 92(13). V. en ce sens, *Bédard c. Dawson,* 1923, R.C.S. 681, p. 684 ; P.G. *Canada et Dupont c. Ville de Montréal,* 1978, R.C.S. 770.

[2] *Opt. cit.* BEAUSOLEIL-ALLARD, G.

[3] *Loi de Christopher*, L.O. 2000, c. I., adoptée en 2000 et entrée en vigueur le 23 avril 2001, implémente le « premier régime d'enregistrement de renseignements sur les délinquants sexuels d'application automatique au Canada », *opt. cit.* BEAUSOLEIL-ALLARD, G., p. 58.

[4] Les allégations portant sur le caractère présumément ultra vires de la Loi de Chrisopher ont été rejetées par la Cour d'appel de l'Ontario dans un arrêt Dyck (R. v. Dyck, 2008 ONCA 309, par. 46) par le juge Blair qui a rattaché l'adoption du système de fichage ontarien à l'exercice du pouvoir policier d'enquête en ce qu'il permet uniquement de rechercher les auteurs de crimes au titre de la compétence provinciale de prévention du crime, ce qui relève naturellement de l'administration de la justice criminelle dévolue aux provinces en vertu de l'article 92(14) de la Loi constitutionnelle de 1867.

De fait, la réunions de deux critères cumulatifs[1] est exigée pour conclure à un conflit de lois : d'une part, que l'application des mesures en cause aient pour conséquence de soumettre l'individu à deux commandements impératifs contradictoires[2], et que la loi provinciale doit être contraire aux objectifs de la loi fédérale[3]. En pratique, les lois de fichage provincial, telles que celle édictée en Ontario, n'entrent jamais en conflit avec les normes fédérales en ce qu'elles ne font que mettre en œuvre à l'échelle territoriale les objectifs fédéraux de prévention du crime. Le chevauchement des normes ne constitue pas un conflit en soi[4].

Néanmoins, le fichage canadien étant aussi affaire provinciale, les législations se multiplient, les garanties individuelles s'amenuisent[5], et avec elles, les possibilités de mise en œuvre d'un potentiel droit à l'oubli.

---

[1] Dégagés par l'arrêt *Banque canadienne de l'Ouest c. Alberta*, 2007, R.C.S. 3.

[2] *Ibid*, par. 69 ; DUPLE, N., *Droit constitutionnel : principes fondamentaux*, Wilson & Lafleur, 2019, p. 271. La jurisprudence exige un conflit irréductible, c'est-à-dire que le respect d'une loi entraine *de facto* une infraction à l'autre. V. *Multiple Access Ltd. c. McCutcheon*, 1982, R.C.S. 161, p. 191.

[3] V. *Banque de Montréal c. Hall*, 1990, R.C.S. par. 121.

[4] *Ibid, Multiple Access Ltd.*

[5] Les décisions provinciales de fichage sont parfois prises en vertu d'une loi (par exemple en Alberta selon l'*Alberta Freedom of Information and Protection of Privacy Act*, ou en Ontario selon le *Police Services Act*), mais le sont d'autres fois en vertu d'un Protocole, comme c'est le cas dans la province du Manitoba, selon le *Manitoba Community Notification Advisory Committee. Protocol* de 2002. Ce protocole est une directive administrative qui, n'ayant pas le caractère d'une loi ou d'un règlement, n'est pas soumise aux règles procédurales du droit administratif et n'a donc pas à satisfaire à certaines exigences, notamment d'approbation, d'enregistrement ou de publication (V. HOULE, F., « La zone fictive de l'infra-droit : l'intégration des règles administratives dans la catégorie des textes réglementaires », *Revue de*

§2 : Un fichage spécifique à la délinquance sexuelle

69. Un enregistrement ciblé selon la nature de l'infraction commise. La lutte contre les infractions sexuel, tant sur le plan répressif que préventif, constitue un enjeu social et juridique majeur. Pour y répondre, les Etats mettent en place des instruments juridiques spécifiques visant à encadrer et surveiller les auteurs de infractions. C'est dans cette perspective qu'ont été instaurés, en France, par exemple le Fichier national des empreintes génétiques (FNAEG) et le Fichier Judiciaire national automatisé des Auteurs d'Infractions sexuelles (FIJAIS) (**A**), et, au Canada, la *Loi sur l'enregistrement de renseignements sur les délinquants sexuels* (LERDS) (**B**).

A. La rôle prépondérant du FIJAIS

70. De la spécialité à la généralisation, l'inversion du phénomène. Il ne sera que brièvement fait mention ici du FNAEG, créé par la loi n°98-468 du 17 juin 1998 relative à la prévention et à la répression des infractions sexuelles ainsi qu'à la protection des mineurs et prévu aux articles 706-54 à 706-56-1-1 du CPP, car s'il était initialement destiné à recevoir les empreintes génétiques dans le seul cadre de la délinquance sexuelle, il a vu son champ d'application s'étendre par de nombreux textes successifs à toutes les infractions visées à l'article 706-55 du CPP.

---

droit de McGill, 2001, Vol. 47, pp. 175-178.). Ces décisions de fichage ne peuvent être considérées comme purement administrative, mais bien judiciaire ou quasi judiciaire et devraient faire l'objet d'un encadrement législatif adéquat. (V. *Opt. cit.* BEAUSOLEIL-ALLARD, G., p. 111.

71. Evolution du champ d'application. Le FIJAIS[1], créé par amendement à la loi du 9 mars 2004 dite « Perben II »[2] et opérationnel depuis le 30 juin 2005[3], est un fichier judiciaire sous le contrôle du magistrat dirigeant le service du CJN dont le principal objectif est la prévention des infractions sexuelles par la recherche, l'identification et la localisation de leurs auteurs. A l'origine, il ne concernait que les infractions sexuelles commises sur des mineurs mais son champ d'application a été étendu en 2005[4] aux auteurs d'infractions particulièrement violentes. Ainsi, sont susceptibles d'être inscrits au FIJAIS les auteurs condamnés pour les infractions prévues à l'article 706-47 du Code de procédure pénale, mais également ceux ayant bénéficié d'une composition pénale, d'un ajournement de peine et même d'un non-lieu lorsque le juge d'instruction le prévoit expressément, ou encore ceux ayant été mis en examen avec placement sous contrôle judiciaire (art. 706-53-2 CPP). Le FIJAIS conserve sur eux un ensemble de données relatives à leur identité, leur filiation, leur domicile ou résidence, à la décision ayant justifié l'inscription au fichier ainsi que la nature de l'infraction en cause (Art. 706-53-2 CPP).

72. Les garanties du respect de la vie privée. « *Une Justice moderne exige la garantie du respect de la vie privée. Et c'est un des challenges principaux que ce nouveau fichier a su relever* »[5], voici la promesse faite par

---

[1] Art. 706-53-1 à 706-53-12 du CPP.

[2] *Opt. cit.*

[3] V. D. n°2005-627, 30 mai 2005, *JO* 31 mai 2005.

[4] Par la loi relative au traitement de la récidive des infractions pénales, n°2005-1549 du 12 décembre 2005, *JO* 13 décembre 2005.

[5] Discours du ministre de Monsieur le Garde des Sceaux, ministre de la Justice, Pascal Clément pour l'inauguration du Fichier Judiciaire national automatisé des Auteurs d'Infractions Sexuelles, le 8 juillet

le garde des Sceaux Pascal Clément à l'occasion de l'inauguration du FIJAIS le 8 juillet 2005. Outre les autorités judiciaire (procureurs, juges d'instruction et autres gestionnaires du fichier) et les forces de l'ordre (services de police et de gendarmerie), les préfets et les administrations de l'Etat[1] peuvent également accéder aux données personnelles contenues au FIJAIS afin d'examiner les demandes d'agrément et de contrôler l'exercice des activités ou professions impliquant un contact avec des mineurs. Le respect du droit à la vie privée étant fortement mis à mal par le caractère particulièrement stigmatisant d'un fichier dont l'objet est la « traçabilité » des délinquants, et dont les informations font l'objet d'une relative importante publicité, notamment dans un cadre administratif, des garanties procédurales strictes concernant les modalités de consultation du fichier ont été mises en place[2]. Par ailleurs, les personnes inscrites au FIJAIS doivent obligatoirement avoir été informées par l'autorité judiciaire de leur inscription (art. 706-53-6, R. 53-8-9 à R. 53-8-12 du CPP) et disposent même d'un droit d'obtenir la communication de l'intégralité des informations contenues au fichier à leur égard (art. 706-53-9 CPP). Toutefois, au risque de contredire M. Clément, si des garanties ont effectivement été prévues, elles sont en réalité bien loin

---

2005. [Archive en ligne]. Accessible sur : https://www.justice.gouv.fr/actualites/espace-presse/archives-inauguration-pascal-clement-du-fijais.

[1] Une liste déterminée par décret en Conseil d'Etat pris après avis de la CNIL précise les acteurs de la vie publique autorisée à consulter le fichier.

[2] L'interrogation et la consultation du fichier par les différentes autorités, judiciaires, policières ou administratives, est très réglementée (art 706-53-7 CPP) et des traces en sont gardées, le réseau est sécurisé (art. 706-53-3 CPP), et des sanctions sont prévues en cas d'interrogation ou de consultation irrégulière (Art. 226-16 à 226-24 CP).

d'être suffisantes, et ne permettent en aucun cas la mise en œuvre du droit à l'oubli « garanti par la loi »[1]de la personne fichée.

73. Un refus du droit à l'oubli entériné. Un peu plus loin dans son discours, M. Clément souligne également une volonté de grande sévérité à l'encontre des auteurs d'infractions sexuelles pour lesquels « il n'y aura aucune possibilité de relèvement, ni à l'audience, ni ultérieurement par requête. Il n'y aura pas de passe-droit en matière d'infractions à caractère sexuel. »[2]. L'inscription au FIJAIS est automatique pour les auteurs de crimes et délits punis d'une peine d'emprisonnement de plus de cinq ans[3], sauf dispense expressément motivée du juge ou, dans certains cas, du procureur, et doit faire l'objet d'une décision spécialement motivée dans les autres cas (art. 706-53-2 CPP). Cette automaticité peut se retrouver dans l'effacement des données conservées, en raison du décès de la personne fichées, au terme d'une durée de trente ans s'il s'agit d'un crime ou d'un délit puni de dix ans d'emprisonnement ou plus, de vingt ans dans les autres cas, et de dix ans si la personne fichée est mineure, ou encore en cas de décision définitive de non-lieu, de relaxe ou d'acquittement. Néanmoins, aucune requête d'effacement des données contenues au FIJAIS ne peut être présentée en dehors de toute hypothèse d'amnistie ou de réhabilitation doublée d'un effacement de la condamnation du B1. L'article 706-53-4 al. 6 dispose clairement que ces

---

[1] METALLINOS, N., V° « Fichier judiciaire national automatisé des auteurs d'infractions sexuelles ou violentes (FIJAIS) », Fasc. 20, *JurisClasseur Procédure pénale*, LexisNexis, 2020, §2.
[2] *Opt. cit. 5.*
[3] Si la victime est mineure, alors toutes les décisions sont inscrites au fichier, peu importe la durée de la peine encourue.

hypothèses « n'entraînent pas l'effacement de ces informations » de manière automatique, ce qui signifie que la personne devra démontrer que la conservation de ses données « n'apparaît plus nécessaire compte tenu de la finalité du fichier »[1]. La personne inscrite au FIJAIS ne dispose en outre que de deux autres possibilités strictement encadrées pour intervenir sur sa situation : demander la rectification des données inexactes la concernant ou solliciter une réduction de la fréquence de ses obligations de présentation (art. 706-53-10 CPP).

Les rares voies de recours existantes sont réservées aux auteurs d'infractions sexuelles ayant déjà franchi l'obstacle quasi infranchissable d'un oubli judiciaire mais là encore, l'effacement n'est pas même garanti[2]. A ce titre, l'hypothèse d'un effacement au FIJAIS, avant échéance légale ou vitale, s'avère peu ou prou plus réaliste qu'une chimère, relevant moins du droit que de la fiction.

B. L'adoption de la LERDS

74. Le durcissement progressif de la LERDS. Dans un contexte de préoccupation grandissante pour les graves préjudices causés aux victimes d'infractions sexuelles

---

[1] Art. 706-53-10 CPP.

[2] « Les voies de recours prévues contre les ordonnances portant refus de faire droit à la demande d'effacement ne sont pas ouvertes en cas de refus de procéder à la rectification demandée. », *Ibid* METALLINOS, N., §116. En cas de rejet de la demande d'effacement, le requérant dispose de dix jours pour faire appel de la décision auprès du JLD. En cas de rejet de la demande ou si le JLD n'a pas statué dans les délais impartis, le requérant peut saisir, dans un délai de dix jours, le président de la chambre d'instruction qui devra statuer dans un délai de deux mois par ordonnance motivée. Le pourvoi en cassation ne sera possible que si l'ordonnance présente un défaut formel concernant ses conditions essentielles d'existence légale.

ayant déjà poussé, dès la fin du XXème siècle, diverses provinces à adopter des systèmes de fichage de la délinquance sexuelle[1], notamment sous influence étatsunienne[2], un système fédéral de fichage est instauré avec la promulgation par le Parlement du Canada de la *Loi sur l'enregistrement de renseignements sur les délinquants sexuels* (LERDS)[3] en 2004. Cette loi « instaure un fichage pancanadien de la délinquance sexuelle et permet la collecte de renseignements sur les contrevenants sexuels par l'État en vue de constituer une banque de données dont l'usage est réservé exclusivement aux corps policiers afin de les munir d'un outil d'enquête efficace pour assurer la protection du public et prévenir le crime »[4]. Avant 2011, une demande d'inscription au *Registre national des délinquants*

---

[1] Au Canada, le fichage de la délinquance sexuelle est notamment apparu dans un premier temps au niveau provincial en 1996 au Manitoba (GOUVERNEMENT DU MANITOBA, *Manitoba Community Notification Advisory Committee. Protocol*, 2002) et en Alberta (*Freedom of Information and Protection of Privacy Act*, R.S.A. 2000, c. F-25), puis en 2001 en Ontario (*Loi Christopher de 2000 sur le registre des délinquants sexuels*, L.O. 2000, c. 1) et en 2002 en Colombie-Britannique (*Sex Offender Registry Act*, S.B.C. 2001, c. 21., très similaire au mécanisme ontarien mais néanmoins jamais entré en vigueur).

[2] Le système de fichage de la délinquance sexuelle apparu au sortir de la Seconde Guerre mondial et popularité dans les années 1990, la *Megan's Law* a fortement influencé les premiers mécanismes de fichage provinciaux au Canada. V. MATSON, S. et LIEB, R., « Sex Offender Registration : A Review of State Laws", *Children's Legal Rights Journal*, n°1, 1997, pp. 22-28.

[3] Loi sur l'enregistrement de renseignements sur les délinquants sexuels, L.C. 2004, c. 10 (ci-après « LERDS »).

[4] BEAUSOLEIL-ALLARD, G., « Le fichage fédéral de la délinquance sexuelle et l'érosion des principes de justice criminelle et punitive », *Les Cahiers de droit*, vol. 54, n°1, 2013, p. 84 ; LERDS, art. 2.

sexuels (RNDS)[1] devait être formulée par le procureur de la Couronne au tribunal qui disposait alors d'un pouvoir discrétionnaire concernant l'inscription ou non du délinquant sexuel au registre, selon qu'il la jugeait nécessaire et proportionnelle au regard de la dangerosité de l'individu et du risque de récidive qu'il pose à la société. Toutefois, la *Loi protégeant les victimes des délinquants sexuels*[2] de 2011 est venue durcir ces conditions d'inscription en exigeant que soient automatiquement inscrits tous les délinquants reconnus coupables d'une infraction sexuelle désignée à l'article 490.011(1)a) du *Code criminel,* sans que le juge ne puisse plus arbitrer l'opportunité de la prise d'une ordonnance en ce sens, ainsi qu'en exigeant la perpétuité de l'inscription pour les délinquants récidivistes[3], sans autre distinction selon la nature de l'infraction, le moment de commission ou la personnalité de l'auteur (art. 490.013(2.1) *C. crim.*).

75. Une remise en cause bienvenue par l'arrêt *R. c. Ndhlovu*[4]. Ces modifications législatives ont largement aggravé les conséquences déjà lourdes de l'inscription au RNDS en matière d'obligations imposées aux délinquants

---

11 Il s'agit du répertoire national contenant les informations recueillies par les organisations policières en vertu de la LERDS. Il est sous le contrôle de la *Gendarmerie Royale du Canada* (GRC) et n'est accessible qu'aux seuls services policiers.

2 L.C. 2010, c.17.

3 Les ordonnances d'inscription au RNDS ont trois durées différentes : 10 ans, 20 ans ou la perpétuité en fonction de la peine maximale prévue pour l'infraction et en fonction du mode de poursuite (par mise en accusation ou procédure sommaire) ; Art. 490.013 (2) [version antérieure à l'abrogation de certaines dispositions en 2023 suite à l'affaire *R. c. Ndhlovu*].

4 *R. c. Ndhlovu*, 2022 CSC 38.

fichés[1]. Ainsi, la constitutionnalité de ces nouvelles dispositions issues des modifications apportées par la loi de 2011 au regard de l'art. 7 de la *Charte canadienne des droits et libertés*[2] a été remise en question à l'occasion d'un récent arrêt fondateur *R. c. Ndhlovu* de la Cour suprême du Canada, en date du 8 février 2022. La Cour soulève que certains délinquants sexuels ne présentent en réalité qu'un très faible risque de récidive : « de 75 à 80 p. 100 d'entre deux ne récidivent jamais [et] selon les données statistiques de la Couronne, il y a également un grand nombre de délinquants sexuels qui ne présentent pas un risque de récidive plus élevé que l'ensemble des criminels »[3]. Les modifications contestées, ainsi jugées « catégoriques et inflexibles » et portant atteinte de manière disproportionnée au droit à la liberté des délinquants, ont été déclarées inopérantes et suspendues dans l'attente d'une révision de la loi. En réaction, le Parlement a prestement adopté le projet de loi S-12[4] modifiant le *Code criminel,* la LERDS et la *Loi sur le transfèrement international des délinquants,* entré en vigueur après avoir reçu la sanction royale le 26

---

[1] Entre autres, la représentation en personne à un bureau d'inscription (art. 4 et 4.1) pour y fournir certains renseignements personnels (art. 5), et ce, relativement fréquemment, la mise à jour desdits renseignements, le signalement en cas de changement d'adresse, de nom, de réception de permis de conduire ou de passeport, de changement de travail ou de bénévolat, d'absence temporaire à son domicile etc (art. 4 à 6(1)b)), sous peine de commettre une nouvelle infraction en cas de non-observation.

[2] Notamment l'autonomie et la dignité de la personne, par interprétation large de l'article 7 de la *Charte* (« Ubi eadem ratio, ibi eadem juris dispositio ») : « [c]hacun a droit à la vie, à la liberté et à la sécurité de sa personne; il ne peut être porté atteinte à ce droit qu'en conformité avec les principes de justice fondamentale. ».

[3] *Ibid*, par. 9.

[4] L.C. 2023, c. 28.

octobre 2023, et qui est venu abroger les dispositions litigieuses.

76. L'autonomie du recours pour révocation de l'ordonnance. Le pouvoir discrétionnaire du juge dans l'appréciation de l'opportunité de la décision d'inscription retrouvé, la LERDS se distingue également de la sévérité française du régime applicable au FIJAIS en permettant au délinquant de demander la révocation de l'ordonnance d'inscription dont il fait l'objet (art. 490.015(1) C. crim.), sans exigence de réhabilitation préalable, avec pour seule condition l'écoulement de certains délais[1] qui peuvent néanmoins être rendus inopérants en cas de pardon, de suspension du casier ou de libération inconditionnelle (art. 490.015(3) C. crim.)).

L'appréciation du risque et de la dangerosité ont ici été déterminants dans l'appréciation de la proportionnalité de l'atteinte portée au droit à la liberté et à la vie privée du condamné. Mais ce sont aussi les même critères qui sont retenus pour justifier une utilisation parfois excessive des fichiers tout au long du processus pénal.

---

[1] La demande peut être formulée « au plus tôt cinq ans après [le] prononcé de l'ordonnance], dans le cas où elle est visée par l'alinéa 490.013(2)a); au plus tôt dix ans après son prononcé, dans le cas où elle est visée par l'alinéa 490.013(2)b); [ou] au plus tôt vingt ans après son prononcé, dans les cas où elle est visée par l'alinéa 490.013(2)c) ou par les paragraphes 490.013(3), (5) ou (6). », art. 490.015(1)a), b) et c), C. crim.

Section 2 : Fichiers et prévention du risque, de la culpabilité à la dangerosité présumées

77. Le fichage de la délinquance à la victimisation sexuelle, entre preuve et présomption de culpabilité. Dans un contexte de pénalisation croissante du risque, les fichiers de police et de justice ne se limitent plus à l'enregistrement d'infractions avérées, mais tendent à figer l'individu dans une présomption permanente de culpabilité ou de dangerosité (**§1**), qu'il soit effectivement condamné ou non (**§2**).

§1 : L'utilisation du fichage comme outil probatoire

78. La présomption de culpabilité, de l'infraction primaire à la récidive. Les fichiers constituent certes un arsenal puissant à la disposition des enquêteurs et des magistrats dans la recherche, la poursuite et la condamnation des auteurs d'infractions sexuelles (**A**), et jusqu'à l'exécution de leur peine et la prévention de leur récidive (**B**), mais si puissant qu'il se révèle en réalité un élément probatoire accablant.

A. La preuve de la culpabilité au stade de l'enquête

79. L'identification de potentiels suspects. Que ce soit en France ou au Canada, les informations contenues dans les fichiers policiers (respectivement, entre autres, FIJAIS et RNDS) sont utilisées dans le cadre d'enquêtes par les autorités de police afin d'identifier de potentiels suspects. La localisation rapide des personnes ayant été fichées pour avoir commis une infraction à caractère sexuelle grâce notamment aux adresses postales qu'ils recensent, mettant alors à la disposition des enquêteurs une véritable cartographie des auteurs d'infractions sexuelles : les enquêteurs peuvent alors « identifier des délinquant sexuels habitant près du lieu d'une infraction et qui pourraient être considérés comme des suspects »[1]. Si la simple présence dans un périmètre désigné d'une personne ayant autrefois été condamnée pour une infraction similaire suffit à suspecter sa récidive, en dépit de toute présomption d'innocence, quid de sa culpabilité[2] ?

80. Les limites de l'encadrement du régime probatoire par la loi *Informatique et Libertés* en France. La loi de 1978 prohibe formellement certaines pratiques dans le traitement des données personnelles, et notamment lorsqu'elles aboutissent à « une prise de décision automatisée »[3]. Si pour ce qui est des fichiers relevant du *Règlement général sur la protection des données* (RGPD)[4],

---

[1] McLELLAN, A., « Mise en œuvre du registre national des délinquants sexuels », Communiqué de presse, Ottawa, 15 déc. 2004. [En ligne]. Accessible à : https://www.canada.ca/fr/nouvelles/archive/2004/12/mise-oeuvre-registre-nationalelinquants-sexuels.html.

[2] Hormis l'hypothèse dans laquelle la personne fichée contrevient aux obligations relative à son inscription au FIJAIS : le législateur a érigé la violation de certaines obligations en infraction autonome et la prise en compte directe du fichier suffit à établir la preuve de l'infraction. Le législateur canadien a prévu le même mécanisme en cas de violation des obligations établies par la LERDS au *Code criminel*.

[3] Arts. 47, al.1 ; 95, al.1 et 120, al.1 de la loi *Informatique et Libertés*.

[4] Règlement (UE) 2016/679 du Parlement européen et du Conseil du 27 avril 2016, relatif à la protection des personnes physiques à l'égard du traitement des données à caractère personnel et à la libre circulation de ces données, et abrogeant la directive 95/46/CE (règlement général sur la protection des données). Cela concerne plusieurs fichiers de police administrative.

l'utilisation d'un traitement automatisé[1], ou autre forme de profilage, ne peut constituer le seul fondement d'une « décision produisant des effets juridiques à l'égard d'une personne ou l'affectant de manière significative »[2], rien n'empêche, en ce qui concerne les autres fichiers, une décision de cette nature d'être prononcée sur le fondement unique d'un traitement de données autre que le profilage[3]. Tout ce qui n'est pas interdit est, *ipso facto* permis [*cum*] *non omne quod licet honestum est*[4].

81. Les données biométriques, preuve irréfutable ? La preuve scientifique, qu'elle soit génétique ou numérique, est souvent perçue comme objective[5], au point où l'ADN a longtemps été considéré comme « reine des preuves »[6]. Cependant, cette objectivité est aujourd'hui largement contestée par la doctrine en raison du caractère partiel de l'information, des modalités techniques d'analyse remises en question ou encore du manque de rigueur des

---

[1] Il peut s'agit de fichiers d'analyse criminelle, d'analyse sérielle (art. 230-12 er s. ett R. 40-35 et s. du CPP), du Système d'analyse des liens de la violence associée aux crimes (SALVAC), etc.

[2] Art. 47, al.2 de la loi *Informatique et Libertés.*

[3] Conclusion tirée par Yoann Nabat dans le cadre de l'étude des prohibitions de la loi *Informatique et Libertés* dans sa thèse. V. *opt. cit.* NABAT, Y., p. 281.

[4] Adage latin issu du droit romain signifiant « [mais] tout ce qui n'est pas interdit n'est pas pour autant convenable ».

[5] La probabilité qu'une personne choisie au hasard détienne le même profil génétique que celui retrouvé sur les lieux de l'infraction est évalué à 1/7800 milliards, ce qui confère tout naturellement une force probatoire certaine aux rapprochement effectués entre banques de données génétiques. V. VAILLY, J., *ADN policier*, PUF, coll. Sciences dans la cité, 1ère éd., 2024, p. 152. V. également, MARTINELLE, M., « L'utilisation des caractéristiques génétiques dans les procédures judiciaires », *AJ Pénal*, 2018, p. 69.

[6] CHAVANNE, M., « ADN, « reine des preuves », une place à redéfinir », *AJ pénal*, 2021, p. 180.

rapports d'expertise[1]. Si son utilisation s'est fortement accrue lors de la phase d'enquête, il est impératif que les informations du FAED ou du FNAEG[2] en France, par exemple, ne puissent jamais supplanter l'intime conviction du juge, ni constituer un mode de preuve irréfutable, alors même que les hypothèses d'effacement sont particulièrement réduites et complexes[3].

---

[1] *Idem*

[2] Le FNAEG, né de la loi n°90-468 du 17 juin 1998 relative à la répression des infractions sexuelles et la protection des mineurs (*JO* 18 juin), avait pour objectif premier de centraliser les profils génétiques recueillis sur les scènes d'infractions et les génotypes des personnes condamnées pour ce type d'infractions, avant de voir son champ d'application étendu. V. PADOVA, Y., « A la recherche de la preuve absolue. Réflexions sur l'utilisation de l'ADN en procédure pénale et sur le développement des fichiers d'empreintes génétiques », *Archives de politique criminelle,* n°26, 2004, p. 71.

[3] Selon l'art. R. 53-14 du CPP, la durée de conservation des profils ADN est de 40 ans pour les personnes définitivement condamnées, les cadavres non identifiés, les personnes disparues et les traces biologiques (al. 1er) et de 25 ans pour les mis en cause (R. 53-14, al. 2). L'effacement automatique n'est prévu que pour les personnes identifiées ou retrouvées (R. 53-14-1 et R. 53-14-2 CPP). Pour les autres, l'effacement repose soit sur l'initiative du procureur de la République, soit sur demande expresse de l'intéressé (R. 53-13-1 et s.). Cette procédure est complexe et dissuasive (V. BYK, C., « Le fichier national automatisé des empreintes génétiques », *Journal international de bioéthique et d'éthique des sciences*, Vol. 32 (2), 2021, pp. 45-58.). Elle a été sanctionnée par la CEDH, qui considère que la conservation longue et indifférenciée de données biologiques de personnes non condamnées viole l'article 8 de la Conv.EDH : arrêt *S. et Marper c. Royaume-Uni* (CEDH, 4 déc. 2008), et *Aycaguer c. France* (CEDH, 22 juin 2017, n° 8806/12). La loi n° 2019-222 du 23 mars 2019 insérant l'art. 706-54-1 au CPP n'est que partiellement satisfaisante : les durées de conservation sont maintenues, malgré la condamnation de la France (*M.K. c. France* (CEDH, 18 avr. 2013, n° 19522/09) pour violation de l'art. 8 Conv.EDH. La France risque donc de nouvelles condamnations par la CEDH. V. AMBROISE-CASTEROT, C., « Le FNAEG, un outil

B. L'utilisation des fichiers dans le cadre de la détermination et l'exécution de la peine

82. Exclusion de la prise en compte des fiches du casier judiciaire. Comme envisagé précédemment, la consultation du casier judiciaire de l'accusé, en France comme au Canada, constitue un élément de preuve de la récidive, et ainsi, un facteur d'aggravation de la peine encourue, et d'exclusion du bénéfice de certaines mesures de clémence comme le sursis[1]. Mais au-delà, les fichiers de police peuvent également faire l'objet d'usages, si ce n'est d'abus, dans le processus de détermination et d'exécution des peines.

83. L'utilisation des fichiers dans l'individualisation de la peine. Hormis les cas où il est tenu légalement d'adapter la réponse pénale selon les antécédents judiciaires du condamné, le juge peut parfois faire usage des fichiers dans son appréciation de la personnalité de l'auteur afin d'individualiser au mieux la peine qu'il prononce à son encontre. Ainsi, en France, le juge peut faire usage du TAJ dans lequel peuvent figurer des procès-verbaux de personnalité établis par les services de police, parfois au détriment d'un réel exercice des droits de la défense[2]. De manière similaire au Canada, le juge peut se baser sur des « rapports présentenciels » (RP) pour déterminer la peine à

---

de fichage au service des enquêtes », *Cahiers Droit, Sciences & Technologies,* n°9, 2019, pp. 23-32.

[1] V. Les conséquences judiciairesPartie 1 :Chapitre 1 :Section 1 :§2 :A « Les conséquences judiciaires ».

[2] V. *Opt. cit.* NABAT, Y., pp. 308-310.

prononcer. Le *Code criminel* ne définit que de façon très générale les informations contenues au RP[1] puisqu'il revient aux provinces et territoires de déterminer par directive le contenu et la forme précise que doivent prendre les rapports[2]. Ces derniers sont préparés par les agents de probation[3] qui interrogent les délinquants, leurs familles, employeurs, professeurs etc, et ont la permission d'interroger les dossiers de la police et des services correctionnels afin de dresser le tableau le plus précis possible de la nature et de la personnalité du délinquant. Il semblerait que ces rapports fassent en règle générale pencher la balance en faveur du délinquant mais néanmoins, la vaste majorité des agents de probation disent ne pas avoir été bien ou suffisamment formés, et ne pas disposer des ressources nécessaires pour effectuer au mieux ces RP[4], ce qui pourrait induire la prise en compte d'informations incorrectes ou partiellement erronées, incomplètes, subjectives dans le prononcé de la sentence.

84. De la consultation du TAJ à la délégation *ultra vires* des pouvoirs d'orientation des poursuites. Le TAJ a pour finalité de « fournir aux enquêteurs de la police et de la gendarmerie nationales ainsi que de la douane judiciaire une aide à l'enquête judiciaire, afin de faciliter la constatation des infractions, le rassemblement des preuves de ces infractions et la recherche de leur auteur » (art. R.40-23 CPP). Toutefois, certains auteurs dénoncent, à raison, des usages particulièrement

---

[1] Art. 721(3) C. crim.
[2] Art. 721(2) C. crim.
[3] Art. 721(1) C. crim.
[4] BONTA, J., BOURGON, G., JESSEMAN, R. et YESSINE, A. K., *Les rapports présentenciels au Canada,* Rapport pour spécialistes n°2005-03, Ottawa, Sécurité publique Canada, Vol. 10, n°5, 2005.

préoccupants de ce fichier dans le cadre de l'exercice de l'opportunité des poursuite, un pouvoir pourtant censément propre au Procureur de la République en vertu de l'article 40 du CPP et qui ne peut en aucun cas se voir déléguer : « certains procureurs autorisent les officiers de police judiciaire à consulter le TAJ pour qu'ils déterminent eux-mêmes, sans avoir à contacter préalablement la permanence téléphonique du parquet, l'orientation procédurale des affaires, sinon la sanction »[1].

85. L'utilisation de fichiers dans le cadre de l'exécution et du suivi des peines. En France, certains fichiers sont directement placés sous le contrôle de l'Administration pénitentiaire et permettent d'assurer le suivi de la peine[2], voire sont utilisés dans l'examen de potentielles demandes formulées par le détenu au cours de son incarcération[3]. Les informations ainsi collectées sur les détenus instaurent un régime de surveillance parfois accru en raison de la « dangerosité » de l'individu, pouvant mener à la prise de décisions les concernant, impactant directement leurs conditions de détention[4]. D'autres

---

[1] *Opt. cit.* GAUTRON, V., V° « Fichiers de police » par. 17.

[2] C'est le cas du Fichier national des personnes incarcérées (FNPI), aussi appelé Fichier national des détenus (FND), créé par arrêté du 20 février 2003.

[3] C'est le cas du Répertoire des détenus particulièrement signalés (DPS) ; art. D276-1 CPP et Circulaire du 15 octobre 2012 relative à l'instruction ministérielle relative au répertoire des détenus particulièrement signalés. L'inscription au DPS permet « la mise en œuvre des mesures de sécurité adaptées » (art. D.276-1 CPP) ; V. MOLINER-DUBOST, M., « La condition des détenus particulièrement signalés sous les feux de l'actualité », *AJDA*, 2010, p. 994.

[4] Le Conseil d'Etat (CE, 30 nov. 2009, n°318589) a notamment jugé que l'inscription au répertoire DPS constituait une mesure « faisant grief », susceptible de recours pour excès de pouvoir. Les mesures de surveillance renforcée ont été analysées par la CEDH (*Khider c.*

fichiers encore comme le Fichier des personnes recherchées (FPR)[1] sont utilisés dans le cadre du suivi de peines alternatives à l'emprisonnement ou de certaines peines complémentaires, notamment le suivi socio-judiciaire (art. 230-19, 8° CPP), voire dans le suivi de mesures de sûreté, comme c'est le cas du FIJAIS qui impose certaines obligations de déclaration d'adresse ou de déplacement au condamné pendant toute la durée du fichage, une durée qui excède bien souvent l'exécution de la peine principale[2].

Il en va de même au Canada où les informations sont utilisées pour déterminer le degré de dangerosité d'un individu et éventuellement décider de l'application de mesures telles que la surveillance longue durée pour tenter de prévenir un risque que l'on considère trop important pour que la peine principale suffise[3].

§2 : Du présumé coupable à la victime, les dérives d'un fichage extensif

86. Du fichage à l'invisibilisation, les oubliés du droit à l'oubli. Dans la lutte contre les infractions sexuelles et la prévention de leur récidive, le fichage ne se limite pas aux seuls condamnés mais à toute personne impliquée dans le processus criminel. Cet excès de zèle conduit à

France, 9 juillet 2009) comme des traitements inhumains et dégradants, en violation de l'art. 3 de la Conv.EDH.

[1] Décret n° 2010-569 du 28 mai 2010 relatif au fichier des personnes recherchées.

[2] La durée d'inscription au FIJAIS peut aller de vingt à trente ans selon la nature de l'infraction commise (art. 706-53-4 CPP), mais la peine prononcée n'atteint que rarement ces maximums légaux.

[3] V. HANSON, R.K., HARRIS, A.J.R., SCOTT, T.-L. et HERLMUS, L., *Evaluation du risque chez les délinquants sexuels soumis à une surveillance dans la collectivité : le Projet de surveillance dynamique*, Sécurité publique Canada, 2007, 55 pp.

l'enregistrement et la conservation de données sur des individus que la justice reconnait pourtant *in fine* innocents, ou leur accorde à tout le moins le bénéfice du doute - *in dubio pro reo* -, et va jusqu'à soumettre les victimes elles-mêmes à une logique de surveillance analogue (**A**). Dans ce contexte, l'oubli ne relève plus d'un droit, mais d'un privilège aussi incertain qu'inéquitablement distribué, sacrifiant l'innocence sur l'autel d'une culpabilité présumée, une dérive largement critiquée mais fort peu corrigée (**B**).

A. La présomption de culpabilité à l'épreuve de l'effacement

87. La culpabilité comme condition de conservation des données. Certains fichiers permettent la recueil de données concernant des personnes simplement impliquées dans une affaire d'infraction pénale au stade de l'enquête, mais prévoient un effacement – automatique ou sur demande – de ces informations dès que la personne est définitivement mise hors de cause. C'est le cas par exemple, en France, du FIJAIS qui autorise l'enregistrement d'informations dès la mise en examen (art. 706-53-2 CPP), mais qui prévoit néanmoins un effacement automatique « en cas de décision définitive de non-lieu, de relaxe ou d'acquittement » (art. 706-53-4, al. 8). Similairement, le FPR peut recevoir des informations pour les besoins d'une enquête de police judiciaire ou à la demande d'autorités administratives selon l'article 2 du décret n°2010-569 du 28 mai 2010, mais ces données doivent obligatoirement être effacées « sans délai en cas d'aboutissement de la recherche ou d'extinction du motif de l'inscription »[1]. La

[1] Art. 7 du décret n°2010-569 du 28 mai 2010.

reconnaissance de la non-culpabilité de l'individu permet logiquement l'exercice effectif du droit à l'oubli.

Au Canada, la GRC précise que le dossier criminel d'un individu conservé au Répertoire national des casiers judiciaires peut comprendre également des dossiers de non-condamnation, c'est-à-dire toutes les fois où un service de police aurait porté des accusations mais que la personne n'a pas été condamnée relativement au crime en question, que les accusations ont été retirées ou rejetées. Si c'est le cas, il est possible d'en demander la destruction en en faisant la demande auprès du service de police ou détachement de la GRC ayant originellement déposé les accusations[1]. Hormis le cas d'une non-responsabilité pour troubles mentaux assortie d'une ordonnance d'ADN, aucun refus n'est légalement justifié. Ici, l'oubli, bien que conditionné à une démarche volontaire, reste accessible et cohérent avec la présomption d'innocence.[2].

88. L'effacement par un écoulement du temps exceptionnellement long. D'autres fichiers, bien au contraire, ne considèrent pas la reconnaissance de non-culpabilité comme un argument en faveur de l'effacement des informations, mais semblent considérer la simple implication dans une affaire pénale comme un motif légitime de suspicion de dangerosité de l'individu, justifiant la conservation des données le concernant pour des durées parfois exceptionnellement longues. Tel est le cas du TAJ qui prévoit, au titre de l'article R.40-27 du CPP, une durée de conservation des données concernant les personnes

---

[1] V. Site internet de la GRC, V° « Gestion des casiers judiciaires ». [En ligne]. Accessible au : https://grc.ca/fr/casiers-judiciaires/gestion-casiers-judiciaires

[2] Le refus de la demande de destruction des données de non-condamnation est susceptible d'appel. V. *Idem*.

mises en cause majeure de vingt ans, cinq ans pour les mineurs. Si certaines infractions considérées comme moins graves permettent à leur auteur de bénéficier d'une dérogation et, en ce sens, d'une durée de conservation réduite à cinq ans pour les majeurs, à l'inverse, les données concernant des infractions dites « particulièrement graves » mentionnées à l'article du CPP susvisé, au titre desquelles figurent notamment les infractions à caractère sexuel[1], sont conservées durant quarante ans pour les majeurs, et jusqu'à vingt ans pour les mineurs.

De même, les informations contenues au FNAEG ne peuvent en principe pas être conservées pour une durée supérieure à quarante ans (art. R. 53-14 CPP). Par dérogation toutefois, les informations concernant les personnes à l'encontre desquelles il existe des indices graves ou concordants rendant vraisemblable qu'elles aient commis l'une des infractions mentionnées à l'article 706-55 ne peuvent être conservées pour plus de vingt-cinq ans sauf dans le cas où elles auraient fait l'objet d'une décision de classement sans suite, de non-lieu, de relaxe ou d'acquittement exclusivement fondée sur l'existence d'un trouble mental, auquel cas les données peuvent à nouveau être conservées jusqu'à quarante années. Quand bien même les personnes à l'encontre desquelles il n'existe en réalité que des « indices » d'une participation à la commission de l'infraction bénéficient d'une inscription moins longue, il n'en reste pas moins que la présomption d'innocence

---

[1] Le caractère sexuel agit comme une forme d'aggravation de l'infraction par rapport aux autres infractions du droit commun, sans réelle distinction entre les différents types et degrés de gravité d'infractions sexuelles. A ce titre, la CNIL a d'ailleurs pu critiquer les « contours mal définis » de cette catégorisation des infractions « particulièrement graves » : quelles infractions sont concernées ? quels critères permettent de déterminer le « particulièrement grave » ? V. CNIL, Délib. n°2011-204 du 7 juill. 2011.

semble reléguée au second plan et que vingt-cinq années sont un délai pour le moins particulièrement long, que la CEDH reprochera d'ailleurs à la France.

B. Une réforme de façade face à des dérives systémiques

89. Des condamnations répétées par les institutions européennes. La CEDH a depuis longtemps eu l'occasion d'affirmer que le simple fait de collecter et mémoriser des données relatives à la vie privée d'un individu dans un fichier constituait une ingérence dans le droit à la vie privée, notamment au sens de l'article 8 de la Convention (Conv.EDH)[1]. Si le FIJAIS, en raison de sa spécialité entre autres, ne s'est pas attiré les foudres de la CEDH[2], le FAED et le FNAEG ont, quant à eux, été largement remis en question au fil des condamnations successives.

En 2013, la CEDH est venue condamner la France en raison des risques de « stigmatisation » et d'atteintes à la présomption d'innocence résultant du fichage au FAED de personnes qui n'avaient pourtant pas fait l'objet d'une condamnation par une juridiction de jugement[3]. Si la Cour a soulevé que « la conservation de données privées n'équivaut pas à l'expression de soupçons, encore faut-il que les conditions de cette conservation ne leur donne pas

---

[1] CEDH, 26 mars 1987, *Leander c. Suède*, req. n°9248/81 ; CEDH, 4 mai 2000, *Rotaru c. Roumanie*, req. n°28341/95.

[2] Dans trois arrêts du 17 décembre 2009, la CEDH exclut le caractère de « peine » à l'inscription au FIJAIS, et considère l'atteinte à la vie privée proportionnée au but poursuivi. CEDH, 17 déc. 2009, *M. B. c. France,* req. n°22115/06 ; CEDH, 17 déc. 2009, *Gardel c. France*, req. n°16428/05 ; CEDH, 17 déc. 2009, *B. c. France*, req. n°5335/06.

[3] CEDH, 18 avr. 2013, *M. K. c. France*, req. n° 19522/09, rendu définitif le 18 juillet 2013 en vertu de l'art. 44§2 de la Conv.EDH.

l'impression de ne pas être considérés comme innocents » (§36). En effet, elle relève que la durée de conservation[1] de ces données est excessive, « en pratique assimilable à une conservation indéfinie », d'autant plus que, « comme le soutient le requérant, [il s'agit en réalité d'] une norme plutôt qu'[...] un maximum » (§45). S'ajoutent à cela des « chances de succès des demandes d'effacement [qui] sont pour le moins hypothétiques » (§45), raison pour laquelle la Cour conclue à juste titre que « le régime de conservation dans le fichier litigieux des empreintes digitales de personnes soupçonnées d'avoir commis des infractions mais non condamnées (...) ne tradui[t] pas un juste équilibre entre les intérêts publics et privés concurrents en jeu. Dès lors, la conservation litigieuse s'analyse en une atteinte disproportionnée au droit du requérant au respect de sa vie privée et ne peut passer pour nécessaire dans une société démocratique » (§46).

De manière similaire, la Cour a également condamné la France dans un arrêt *Aycaguer c. France* en date du 22 juin 2017[2] pour la durée exceptionnellement longue de conservation de ses données sans opérer de distinction selon la nature ni la gravité des infractions, et ne permettant pas la suppression desdites données à l'encontre de personnes ayant bénéficié d'un acquittement, d'une décision de classement sans suites, ou de relaxe, et pouvant donc légitimement exiger le respect de leur présomption d'innocence[3].

---

[1] Au titre de l'article R40-38-4 du CPP, cette durée de conservation est de quinze ans en cas de délits, et vingt-cinq ans si elles sont collectées dans le cadre d'une enquête ou d'une information, et quarante ans si les empreintes concernent des crimes.

[2] CEDH, 22 juin 2017, *Aycaguer c. France*, req. n°8806/12.

[3] De fait, si la Cour considère que FIJAIS vise spécifiquement des atteintes particulièrement graves et ainsi justifie ainsi la proportionnalité de l'atteinte au regard de la gravité de l'infraction, elle

C'est une position semblable qui a été adoptée par la Cour de justice de l'Union européenne (CJUE), consacrée dans une directive de 2016[1], transposée en droit interne par la modification de la loi *Informatique et Libertés de 1978*, affirmée dans un arrêt de 2023 dans lequel la CJUE proscrit toute législation nationale qui prévoirait la collecte systématique de données biologiques de toute personne mise en cause pour une infraction dès lors qu'une « absolue nécessité » ne serait pas démontrée[2], et confirmée dans un très récent arrêt du 30 janvier 2024 dans lequel elle reconnaît comme atteinte démesurée au droit de l'UE la conservation générale et indifférenciée de données biométriques et génétiques d'individus pour des durées quasiment indéterminées[3].

90. La résistance à la française. Si le Conseil constitutionnel a pu par le passé affirmer que le FNAEG était conforme aux valeurs constitutionnellement protégées[4], et si le Conseil d'Etat a eu l'occasion de justifier les durées exceptionnellement longues de conservation des données au TAJ par la « finalité de police judiciaire du traitement » [5], alors même que ces délais sont supérieurs à ceux de prescription de l'action publique, et traitent

---

considère que le FNAEG qui englobe notamment des contraventions et autres infractions mineures, sans distinction, porte nécessairement atteinte aux droits des personnes concernées ; CEDH, 18 avr. 2013, *M. K. c. France*, req. n° 19522/09, §41 ; V. également CEDH, 4 déc. 2008, *S. et Marper c. Royaume-Uni,* req. n°30562/04 et 30566/04, §22 ; cité par CEDH, 18 avr. 2013, *M. K. c. France*, req. n° 19522/09, §41-42.

[1] Dir. (UE) 2016/680 du Parlement européen et du Conseil du 27 avril 2016.

[2] CJUE, 26 janv. 2023, aff. C-205-21, §116-127.

[3] CJUE, 30 janv. 2024, aff. C-118-22.

[4] Cons. const. 16 sept. 2010, n°2010-25 QPC, *D. actu.,* obs. Léna.

[5] CE, 11 avr. 2014, req. n°360759.

l'innocenté comme le coupable, il n'en reste pas moins que la France a dû se conformer d'une manière ou d'une autre aux multiples condamnations et injonctions des institutions internationales.

Dans un premier temps, en réaction à sa condamnation dans l'affaire *M. K. c. France*, cette dernière a adopté le décret n°2015-1580 du 2 décembre 2015 excluant les contraventions du champ d'application du FAED et prévoyant un effacement des données en cas de non-lieu, relaxe ou acquittement. Même si les chances d'obtenir cet effacement restent faibles, et les durée de conservations particulièrement longues, ces modificiation ont été acceptées comme mise en conformité avec le droit de l'UE.

De même, la France a adopté en réaction à l'affaire *Aycaguer c. France*, le 29 octobre 2021, le décret n°2021-1402 modifiant l'article R53-14 du CPP qui prévoit désormais une durée légale de conservation en fonction de la gravité de l'infraction et le droit de demander un effacement. Cette simple prérogative, sans réelle considération pour son effectivité, semble avoir suffi pour rétablir la conventionnalité du FNAEG[1]. Mais cette effectivité des recours, si elle a été à nouveau soulevée[2], a été considérée comme avérée en France par la CEDH, notamment dans le très récent arrêt *Ghaoui c. France* [3]relatif au recours contentieux ouvert devant le CE contre les techniques de recueil de renseignements. S'agit-il d'une réelle effectivité des recours pour assurer la protection d'un droit à l'effacement des renseignements, de réelles

---

[1] Crim. 8 déc. 2021, n°20-84.201, *D. actu.,* 15 déc. 2021, obs. Dominati. Cette nécessité de l'effectivité des recours a pourtant été très récemment rappelée par la CEDH qui a

[2] Crim. 4 avr. 2024, n°23-84.520, *D. actu.,* 6 mai 2024, obs. Pamart.

[3] CEDH, 16 janv. 2025, *Ghaoui c. France,* req. n°49526/15, *AJDA,* 22 janv. 2025, obs. Pastor.

garanties de respect du droit à la vie privée et à la présomption d'innocence, ou ne s'agit-il au fond, comme l'on peut le craindre, de la consécration d'un droit à l'oubli en trompe-l'œil ?

91. Une remise en question en demi-teinte au Canada. Au Canada, la situation n'est pas bien différente. Le Commissariat à la protection de la vie privée du Canada (CPVP) a été saisi sur l'utilisation par la GRC de renseignements sensibles[1] non liés à des condamnations, figurant dans ses banques de données et au dossier criminel, dans le cadre de vérifications des antécédents en vue d'un travail auprès de personnes vulnérables[2]. Le CPVP ayant conclu à une violation de l'article 7 de la *Loi sur la protection des renseignements personnels*[3], la GRC s'est engagée à mettre à jour les formulaires de consentement et les politiques internes liées à la divulgation de renseignements personnels sensibles dans ce contexte. Gageons que cela suffise à entériner les atteintes disproportionnées à la vie privée portée à l'encontre de personnes non-condamnées.

92. La nécessité d'un changement de paradigme. L'hypertrophie de la mémoire pénale, concrétisée à travers

---

[1] Etaient notamment visés des antécédents de santé mentale divulguées dans le cadre de vérifications effectuées pour le secteur vulnérable.

[2] COMMISSARIAT A LA PROTECTION DE LA VIE PRIVEE DU CANADA, *La GRC a contrevenu à la Loi en utilisant sans consentement certains types de renseignements de non-condamnation dans le cadre de vérifications des antécédents en vue d'un travail auprès de personnes vulnérables*, 29 mars 2021. [En ligne] Accessible à : https://www.priv.gc.ca/fr/mesures-et-decisions-prises-par-le-commissariat/enquetes/enquetes-visant-les-institutions-federales/2020-21/pa_20210329_grc/#toc5

[3] L.R.C. (1985), ch. P-21.

la multiplication et la spécialisation de fichiers de police et de justice, et l'imposition sanctions pénales de surveillance, ne garantissent pas toujours pour autant une meilleure efficacité dans la répression des infractions sexuelles ni dans la prévention de leur récidive. Au contraire, le degré d'atteinte à la protection de la vie privée et au droit à l'oubli, parfois tant du condamné que du mis en cause voire de la victime, sans distinction de la nature ou de la gravité de l'infraction, tend à accroître ce risque. Il semble alors nécessaire d'évaluer l'opportunité de la mise en place de mécanismes permettant *a contrario* l'effacement d'un passé pénal stigmatisant, afin d'encourager au mieux la réinsertion du délinquant, qui apparaît encore comme le mécanisme le plus efficace de prévention de la récidive.

PARTIE 2 : L'EFFACEMENT D'UN PASSÉ PÉNAL STIGMATISANT

93. L'oubli, du droit au devoir. Si le temps demeure le premier artisan de l'oubli, son œuvre se heurte désormais à une société hyperconnectée, numérisée, et farouchement attachée à un devoir de mémoire érigé en fondement de la paix sociale par la reconnaissance collective des fautes passées. Dans ce contexte, quelle place peut bien encore occuper l'oubli au sein d'un droit pénal toujours plus répressif ?[1] Si le terme d'« oubli » n'est ni formellement employé ni juridiquement défini par les législateurs français ou canadiens, certains dispositifs en consacrent néanmoins l'esprit, le concevant tantôt en tant que prérogative individuelle permettant de solliciter l'effacement de son passé pénal auprès des autorités compétentes (**Chapitre 2**), et tantôt en tant qu'obligation positive de l'Etat, instaurant alors une forme de devoir à l'oubli institutionnalisé (**Chapitre 1**).

94. Obligation de moyens ou de résultat ? Si l'existence juridique, même plus théorique que formelle, du droit à l'oubli via les différents mécanismes légalement prévus semble acquise, l'effectivité de sa mise en œuvre demeure incertaine. La question se pose alors de savoir si l'obligation d'effacer le passé pénal stigmatisant d'un individu, qu'elle procède d'un effacement automatique ou de l'aboutissement d'une démarche volontaire, relève d'une obligation de moyens – c'est-à-dire la simple nécessité de prévoir les dispositifs techniques et juridiques à cet effet – ou d'une obligation de résultat, impliquant alors un

---

[1] V. HARDOUIN-LE GOFF, C., « Défense de l'oubli », *Les Cahiers de la Justice,* n°4, 2016, pp. 593-606.

effacement réel, total, définitif et effectif. Or l'oubli pénal est difficile à garantir, entravé par des limites théoriques ou matérielles, des inerties administratives, des réticences institutionnelles ou encore des contraintes technologiques, sapant parfois l'effectivité de sa mise en œuvre. En résulte alors une fragilité structurelle d'un droit à l'oubli qui existe alors davantage comme postulat que comme garantie effective.

95. Délimitation du champ d'étude. Nombreux sont les mécanismes qui, de près ou de loin, participent à une logique d'effacement ou d'atténuation de la trace pénale. Pourtant, tous ne répondent pas à l'exigence d'un effacement effectif du stigmate. Ainsi, seront écartés de notre étude notamment, en droit français, la prescription qui n'a pas trait à l'effacement de stigmates pénaux mais prévient plutôt, en amont, la poursuite de l'infraction ou l'exécution de la peine ; le relèvement, qui permet au juge d'écarter certaines peines mais laisse subsister l'empreinte pénale ; ou encore l'amnistie, mesure exceptionnelle qui, en abolissant rétroactivement l'infraction, nie sa réalité plutôt qu'elle ne permet une véritable réconciliation avec elle, et dont l'application est, de surcroît, largement inopérante en matière d'infractions sexuelles[1]. Il s'agit au contraire ici d'évaluer la pertinence voire la nécessité de permettre un effacement post-sentenciel, dans l'hypothèse où le condamné, ayant purgé sa peine et ainsi, « payé sa dette » à la société, continue néanmoins de subir les effets de sa condamnation, assujetti à une forme de stigmatisation secondaire, parfois tout aussi incapacitante.

---

[1] Les infractions à caractère sexuel, parmi 49 exclusions, sont par exemple formellement écartées du bénéfice de l'amnistie présidentielle en vertu de l'article 14, 29° de la loi du 6 août 2002 (Crim. 6 juillet 2011, n°11-82.778).

Chapitre 1 : L'automaticité comme consécration d'un devoir de l'oubli

96. L'exception d'automaticité. En France, l'oubli pénal est en partie considéré comme un devoir étatique dans la mise en œuvre d'un effacement automatique du passé pénal des individus après l'écoulement d'un certain délai et la réunion de certaines conditions, mais cela n'est pas nécessairement le cas partout ailleurs. Ainsi naît un dissensus sur la nature de l'obligation positive des institutions à permettre un effacement automatique (**Section 1**), accentué par les exceptions aux principes pourtant opposés en droits français et canadiens (**Section 2**).

Section 1 : Le dissensus sur l'effacement automatique

97. L'effacement automatique, entre consécration française et rejet canadien. Alors que la France consacre un devoir d'oubli par l'effacement automatique du passé pénal du fait de l'écoulement du temps (**§1**), le Canada ne connaît, en principe aucun, équivalent (**§2**).

§1 : Une automaticité consacrée en droit pénal français : la réhabilitation légale

98. Un effacement de plein droit. La réhabilitation, définie comme un « système qui permet de faire disparaitre une condamnation pénale ainsi que ses conséquences »[1],

---

[1] GUINCHARD, S. et DEBARD, T., V° « Réhabilitation », *Lexique des termes juridiques*, Dalloz, 32ème éd., 2024, p.934.

peut être légale, c'est-à-dire acquise de plein droit par l'écoulement du temps, sans que son bénéficiaire n'ait à la demander. Régie par les articles 133-12 à 133-17 du CP, et par renvoi, par les articles 133-10 et 133-11 du même code, elle a pour objectif d'apurer le CJN d'un surplus ingérable de dossiers, et de favoriser la réinsertion sociale des condamnés en octroyant un effacement automatique dès lors que les conditions légales sont réunies (**A**), ce qui peut s'avérer plus ardu en cas de récidive (**B**).

A. Conditions générales d'accès à la réhabilitation légale

99. Champ d'application général. L'article 133-12 du CP dispose de manière très générale que peut bénéficier d'une réhabilitation de plein droit « toute personne frappée d'une peine criminelle, correctionnelle ou contraventionnelle ». Il ne s'agit en réalité que d'un texte introductif commun à la réhabilitation légale comme à la réhabilitation judiciaire. Le domaine et les conditions d'application particuliers de la réhabilitation légale sont énoncées aux articles 133-13 du CP concernant les personnes physiques, et 133-14 pour ce qui est des personnes morales.

100. Exclusion des peines en cours d'exécution ou amnistiées, et des sanctions de nature disciplinaire. La réhabilitation légale n'est pas ouverte aux condamnés qui sont encore en train d'exécuter leur peine, mais est au contraire conditionnée à l'exécution de la peine[1].

---

[1] V. Crim. 28 févr. 2018, n°16-84.441, *D. actu.* 12 mars 2018, obs. Goetz ; *AJ pénal*, 2018. 210., obs. Falxa. Ce principe connaît toutefois quelques tempérament puisqu'une exécution même fictive pourrait être regardée comme satisfaisant aux conditions d'octroi de la réhabilitation

Parallèlement, la réhabilitation d'une peine déjà amnistiée n'est pas non plus envisageable en ce qu'elle a été éteinte. Seules sont susceptibles de faire l'objet d'une réhabilitation légale les incapacités de droit découlant de la condamnation en ce qu'elles revêtent le caractère de mesures de police, subsistant à l'amnistie[1]. De même, les sanctions disciplinaires sont exclues du champ d'application de la réhabilitation légale qui ne vise que les sanctions de nature pénale, et seules certaines d'entre elles, mentionnées à l'article 769-2° du CPP peuvent éventuellement faire l'objet d'une réhabilitation judiciaire, ce qui réduit encore le domaine de la réhabilitation légale.

101. Exclusion des condamnations étrangères. L'article 782 du CPP précise explicitement que ne sont visée que les condamnations prononcées par un tribunal français, ce qui exclut naturellement toute condamnation prononcée par un tribunal étranger. Il semblerait que ce principe de territorialité concerne aussi bien la réhabilitation légale que judiciaire au vu de la généralité des propos et du caractère sensiblement introductif de l'article. S'il ne semble pas inapproprié d'exclure du bénéfice d'un effacement automatique une condamnation qui n'aurait pas été prononcée selon les principes français du droit pénal, il est plus étonnant que lui soit également opposé le bénéfice d'une réhabilitation judiciaire qui supposerait nécessairement l'évaluation de la pertinence d'un tel

---

légale : c'est le cas par exemple d'une remise gracieuse au titre de l'article 133-17 du CP, de la prescription de la peine, ou d'une peine assortie de sursis (Crim. 17 févr. 1998, *Bull. crim.* n°42). V. également, HERZOG-EVANS, M., V° « Réhabilitation », *Rép. pen.,* Dalloz, 2024, §17.

[1] Crim. 14 oct. 1971, Bull. crim. n°353, Gaz. Pal. 1971. 771 et Crim. 7 janv. 1972. Cela a été confirmé dans la loi loi sur l'amnistie de 2002, L. n°2002-1062 du 6 aout 2002, art. 17, al. 2.

pardon, du mérite du condamné à l'obtenir, et l'assurance qu'il ne représente plus un danger quelconque de récidive. Il est en outre surprenant qu'il en aille de même que la condamnation ait été exécutée en France ou non, ce qui aurait permis un examen plus approfondi des circonstances de la réalisation de la peine ainsi que de l'attitude du condamné. Il est d'autant plus déconcertant que soit exclue la condamnation qui, bien que prononcée par un tribunal étranger, ait par la suite été adaptée par un tribunal français, c'est-à-dire qu'un tribunal français lui aurait substitué « la peine qui correspond le plus en droit français » ou « réduit cette peine au maximum légalement applicable »[1]. Cette discrimination selon le principe de territorialité ne semble pas particulièrement justifiée au regard des exigences et des buts poursuivis par la réhabilitation, notamment lorsque le condamné est voué à se réinsérer par la suite dans la société française.

102. Conditions de délai. En vertu des lois dites « Béranger » des 5 août 1899 et 11 juillet 1900, la réhabilitation légale est acquise dès l'écoulement d'un délai prévu par l'article 133-13 du CP pour les personnes physiques après exécution ou prescription de la peine principale, en absence de récidive criminelle ou correctionnelle[2]. Le délai en question tient compte de la nature de la peine et varie proportionnellement à la durée de celle-ci, allant de trois à dix ans selon qu'il s'agit d'une peine d'amende ou de jours-amende (art. 133-13, 1° CP), d'une condamnation unique à un emprisonnement n'excédant pas un an ou toute peine autre que la réclusion criminelle, détention criminelle, emprisonnement, amende

[1] Art. 728-4, al. 2 CPP.
[2] Art. 133-13 et s. CP. La récidive est un facteur d'augmentation des délais légaux de la réhabilitation légale.

ou jours-amende (art. 133-13, 2° CP) ou d'une condamnation unique à un emprisonnement n'excédant pas dix ans, ou, en cas de condamnations multiples, d'un ensemble n'excédant pas cinq ans (art. 133-13, 3° CP). Ces délais sont perçus par certains auteurs[1] comme relativement courts au regard notamment de la règle des quarante ans prévue à l'article 769, al. 3 du CPP[2], celle des cent-vingt ans prévue à l'article R.70, 1° du CPP[3], ou encore celle figurant à l'article 775-2 du CPP et qui permet aux condamnés à une peine non susceptible de réhabilitation légale de demander l'exclusion de la mention de leur condamnation au B2 sur simple requête à l'expiration d'un délai de vingt ans.

Ces délais ne permettent néanmoins en aucun cas de prévenir une stigmatisation faisant obstacle à la réinsertion du condamné ayant purgé sa peine. La réinsertion doit se faire dès que la peine principale prend fin, mais la réhabilitation légale censée la favoriser n'intervient que si longtemps après qu'il faut espérer que l'individu ait pu se réinsérer nonobstant cet avantage, et n'aura pas perduré dans sa trajectoire criminelle au risque de voir les délais s'allonger d'autant plus.

---

[1] *Opt. cit.* HERZOG-EVANS, M., §24.

[2] Cet article dispose que, outre les « *fiches relatives à des condamnations effacées par une amnistie, « par la réhabilitation de plein droit ou judiciaire » »*, etc, « *sont retirées du casier judiciaire (...) les fiches relatives à des condamnations (...) prononcées depuis plus de quarante ans et qui n'ont pas été suivies d'une nouvelle condamnation à une peine criminelle ou correctionnelle »*.

[3] Cet article prévoit le retrait des fiches du CJN en cas de décès du titulaire de la fiche ou, lorsque le décès n'a pas été notifié d'une façon ou d'une autre aux services du CJN, dès lors que le titulaire aurait atteint « l'âge de cent vingt ans », anciennement cent ans (rédaction antérieure à la modification par décret du Décr. n°2014-1422 du 28 nov. 2014, art. 3).

B. Augmentation dérogatoire des délais légaux en cas de récidive

103. Evolution législative vers une uniformisation des régimes de réhabilitation. Alors qu'il n'avait pas prévu de conditions plus sévères en cas de récidive légale pour l'obtention de la réhabilitation légale, comme il l'avait pourtant fait en matière de réhabilitation judiciaire (art. 787 CPP), le législateur français est finalement revenu sur sa décision en adoptant la loi n°2007-297 le 5 mars 2007 relative à la prévention de la délinquance. Ainsi, alors que l'alinéa premier de l'article 133-13 du CP dispose clairement la nécessité d'une absence de récidive pour le bénéfice de la réhabilitation de plein droit, adressant les délais des 1°, 2° et 3° aux seuls condamnés n'ayant « subi aucune condamnation nouvelle à une peine criminelle ou correctionnelle », la loi de 2007 est venue durcir les conditions d'accès en consacrant le doublement de l'ensemble desdits délais pour tous les faits commis postérieurement à l'entrée en vigueur de la loi[1], à savoir le 7 mars 2007[2], lorsque le condamné se trouve en état de récidive légale (art. 133-13, al. 5). Par cette modification législative, le législateur vient aligner le régime applicable

---

[1] Art. 43. La loi de 2007 augmentant les délais légaux concernant l'obtention d'une mesure de clémence en la nature d'une réhabilitation de plein droit est considérée comme une loi de forme plus sévère et par dérogation au principe d'application immédiate des lois pénales de forme, s'applique aux faits à compter de son entrée en vigueur pour ne pas priver d'un droit celui qui en bénéficiait alors que la loi ne modifiait pas encore le délai d'exercice d'un recours par exemple, comme c'est le cas ici. V. en ce sens, BOULOC, B., *Droit pénal général*, Dalloz, coll. Précis, 28ème éd., 2023, p. 180.

[2] Date de publication au *Journal Officiel,* à l'exception des dispositions de l'article 47 de la L.2007-297 qui la date d'entrée en vigueur a été expressément prévue par le législateur un an après la date de publication de la loi, le 7 mars 2007.

à la réhabilitation légale sur celui qu'il avait initialement prévu pour la réhabilitation judiciaire. En effet, l'article 787 du CPP prévoit que les récidivistes[1] seront admis à demander leur réhabilitation après écoulement d'un délai de dix ans à compter de leur libération ou de la prescription, et que dans le cas où les récidivistes n'ont subi aucun peine criminelle, et que ceux ayant déjà bénéficié d'une réhabilitation préalable n'ont encouru qu'une peine correctionnelle, le délai tombe à six années. Le délai légal prévu pour la demande d'une réhabilitation judiciaire hors cas de récidive légale est de cinq ans en matière criminelle, trois ans en matière correctionnelle et un an en cas de peine contraventionnelle. À l'exception des peines contraventionnelles qui subissent une multiplication du délai initial par six fois, le principe est celui du doublement des délais en cas de récidive légale, comme ce qui a été consacré à l'article 133-13, al 5 du CP.

104. Des allongements des délais pour des motifs autres que la récidive. La récidive n'est en réalité pas la seule raison de l'allongement des délais : l'article 133-16, al.2 du CP prévoit notamment qu'en cas de prononcé, comme peine complémentaire, d'une interdiction, incapacité ou déchéance à titre définitif, la réhabilitation légale ne produit ses effets qu'à l'issue d'un délai de quarante ans. Comme nous avons pu l'évoquer *supra*, les

---

[1] Le législateur entend traiter de la même façon les condamnés en état de récidive légale et ceux en état de réitération d'une condamnation correctionnelle ou criminelle après obtention d'une réhabilitation, la mention de la réhabilitation figurant au casier judiciaire et étant donc portée à la connaissance des autorités judiciaires dans la prise en compte de la personnalité de l'auteur en vue d'une potentielle demande ou nouvelle demande de réhabilitation. V. art. 787 CPP, « *Les condamnés qui sont en état de récidive légale, ceux qui,* ***après avoir obtenu la réhabilitation, ont encouru une nouvelle condamnation*** *(...)* ».

interdictions, incapacités ou déchéances étant très largement prononcées en matière d'infractions sexuelles, leurs auteurs sont les premiers touchés par ces allongements dérogatoires de délais pour l'obtention de la réhabilitation légale, hormis même toute hypothèse de récidive.

105. L'absence de récidive, condition d'accès à la réhabilitation. Dans certains, la récidive légale n'entraîne pas seulement un durcissement des conditions d'obtention de la réhabilitation légale, mais bien une exclusion pure et simple du bénéfice de certains autres mécanismes juridiques propres à l'effacement automatique. Il en va ainsi de la règle des quarante ans susmentionnée, visée à l'article 769, al. 3 du CPP et qui précise que l'effacement est subordonné à la condition que les condamnations en passe d'être retirées « n'[aient] pas été suivies d'une nouvelle condamnation à une peine criminelle ou correctionnelle ». Le bénéfice de l'article 775-2 du CPP concernant les condamnés dont la peine n'est pas susceptible de leur ouvrir le droit à la réhabilitation légale est également subordonné à l'absence de récidive légale.

Si ce dernier mécanisme ne relève pas tout à fait d'un effacement automatique en ce qu'il suppose tout de même une requête de la part du bénéficiaire, même sans autres conditions ni examen particulier, il est toujours un mécanisme plus automatique que ce que le droit canadien peut proposer à ses justiciables condamnés.

§2 : Le rejet de l'automaticité en droit criminel canadien

106. Une absence de mécanismes d'effacement automatique effectifs dans le système canadien. Le droit criminel canadien ne prévoit pas de mécanisme équivalent à la réhabilitation légale française, à l'exception d'une fiction juridique tenant plus à des considérations pratiques de conservation des informations contenues au casier judiciaire qu'à la mise en œuvre d'un devoir à l'oubli étatique (**A**). Toutefois, cela pourrait être amené à changer dans un avenir proche (**B**).

A. Une réhabilitation légale fictive

107. Un manque cruel de transparence partiellement comblé par des sources lacunaires. Bien qu'encore une fois, aucune disposition législative, aucun texte normatif, ne précise la durée de conservation des données contenues au casier judiciaire par la GRC, ceux-ci sont dits être conservés jusqu'à ce que le condamné atteigne 125 ans d'âge. C'est une information que l'on retrouve fréquemment dans diverses études et rapports menés par associations, cabinets d'avocats, et autres sources plus ou moins officielles[1]. Il faudra ici encore se contenter d'informations parcellaires rapprochées pour tenter d'établir une version la plus proche possible de la vérité.

108. L'effacement automatique de données devenues obsolètes : un fondement utilitariste. De façon assez similaire au système français, le droit criminel canadien, semble-t-il, prévoit une durée de conservation limitée des données enregistrées au casier judiciaire d'un individu. D'un point de vue théorique, le fondement de cette mesure

---

[1] Cette information est mentionnée notamment dans, ASSOCIATION DES SERVICES DE RÉHABILITATION SOCIALE DU QUÉBEC, *Impacts du casier judiciaire. Dossier thématique.*, juin 2015, p. 3, ainsi que sur les sites de iDentité Québec (https://identitequebec.ca/), et Alter Justice, Groupe d'aide et d'information aux personnes judiciarisées (https://alterjustice.org/service-pardon/). Le site de Wikipédia semble sourcer l'information au site de la GRC toutefois aucune mention de cette durée de conservation n'a pu être retrouvée en ce sens.

relève en réalité plus de considérations pratiques qu'humaines et ne tentent pas de permettre la réhabilitation du condamné au sens propre du terme, mais cherche plutôt à désengorger des banques de données saturées d'informations devenues obsolètes. En effet, quel usage pourrait-on encore avoir, au titre de la prévention de la récidive, objectif poursuivi par l'accroissement de la mémoire pénale au sens large, de données concernant un individu depuis longtemps décédé ? En France, s'il est prévu que toutes les fiches soient effacées lorsque le condamné aurait atteint 120 ans (art. 70, 1° du CPP susvisé), c'est uniquement lorsque l'information du décès de ce dernier n'est pas parvenue aux services du CJN. S'il semble néanmoins relativement inutile de prendre tant de précautions pour s'assurer du décès de l'individu lorsque les dernières statistiques en date établissent une espérance de vie moyenne à la naissance en France à 85,3 ans pour les femmes et 79,4 ans pour les hommes[1], c'est bien l'allongement de l'espérance de vie des citoyens ayant parfois pu causer quelques désagréments lors de demandes particulières exigeant un casier vierge de toute mention[2]. En revanche, l'excès de zèle canadien, si tant est que la raison motivant ce délai de conservation des données soit similaire, semble toujours à l'heure actuelle partiellement inutile puisque l'espérance de vie, en 2024, au Québec, était estimée à 84,4 ans chez les femmes contre 80,9 ans chez les hommes[3] et que nul n'a encore jamais égalé le record de

---

[1] INSEE, *Tableaux de l'économie française (TEF)*, coll. Insee Références, éd. 2019, fiche 3.6 « Espérance de vie – Mortalité », pp. 34-35.

[2] PIQUET, C., « La durée de vie de votre casier judiciaire passe à 120 ans », *Le Figaro*, 12 déc. 2014.

[3] GOUVERNEMENT DU QUEBEC, *Espérance de vie. Vitrine statistique sur l'égalité entre les femmes et les hommes*, Institut de la statistique du Québec, 26 mai 2025. Accessible en ligne au :

Jeanne Louise Calment[1]. Il apparait évident que la règle en question a été mise en place dans un objectif de tri des informations devenues inutiles et de désencombrement des banques de données qui n'ont pas une capacité infinie, et non dans une réelle volonté d'octroyer une chance de réinsertion au condamné par la mise en œuvre de mécanismes d'oubli. Néanmoins, il semblerait que le devoir d'oubli consacré par l'automatisme légal de l'effacement pourrait bien être repensé dans les années à venir au Canada.

B. Le retrait automatisé du casier judiciaire, une affaire à suivre ?

109. Une lente refonte du mécanisme de suspension du casier judicaire. Le Canada poursuit depuis 2022 une grande réforme du programme de suspension du casier judiciaire dont il reconnait l'importance dans la réhabilitation et la réinsertion sociale durables des individus dans la société et cherche ainsi à rendre ce mécanisme le plus accessible possible à ceux qui ont purgé leur peine[2]. Dans ce contexte, *Sécurité publique Canada* (SPC) a organisé, depuis le 21 avril 2022 et jusqu'à la fin du mois de mai 2022, nombre de séances de mobilisation – y compris virtuelles - destinées à s'intéresser notamment à la mise en œuvre d'un système de retrait automatisé de casiers judiciaires (RACJ). Le RACJ est « un programme

---

https://statistique.quebec.ca/vitrine/egalite/dimensions-egalite/sante/esperance-de-vie?onglet=ensemble-de-la-population.

[1] Le record de longévité humaine officiellement reconnu est toujours détenu par la Française Jeanne Louise Calment, ayant vécu 122 ans, 5 mois et 14 jours, du 21 février 1875 au 4 août 1997.

[2] Les frais de demande de suspension du casier ont notamment été considérablement réduits, les conditions d'accès élargies etc. V. en ce sens, *infra* Chapitre 2 ; Section 1.

automatisé par lequel un casier judiciaire serait conservé séparément et à part des autres casiers judiciaires, sans frais et sans demande de la personne, une fois qu'elle a purgé sa peine et que certaines conditions supplémentaires sont remplies, comme l'exige la législation »[1]. Ce mécanisme est déjà en vigueur dans plusieurs juridictions dans plusieurs états, notamment 12 états américains, la majorité de l'Australie, la Nouvelle-Zélande, l'Espagne, les Pays-Bas, l'Angleterre, le Pays de Galles, l'Ecosse, l'Irlande du Nord et l'Irlande. Douze tables rondes ont donc été mises en place par SPC par l'entremise de Kūwiingu-Néelwul Engagement Services (KES) dans l'objectif de mieux comprendre les objectifs du RACJ et déterminer dans quelle mesure il serait possible de l'implémenter en droit canadien. Malgré des retours éminemment positifs sur les nombreux avantages d'un tel système – moins de paperasse administrative, de moindres coûts financiers, un recul de l'arbitraire dans le processus décisionnaire, une plus grande égalité d'accès notamment à l'égard des populations marginalisées, une meilleure gestion du traitement des dossiers, etc – dans la promotion d'une réinsertion efficace et la lutte contre la stigmatisation du fait d'une condamnation pénale, il semblerait que le Gouvernement canadien face preuve d'une relative frilosité quant à l'adoption d'un tel système et continue de peser le pour et le contre dans une balance qui semble pourtant déjà largement déséquilibrée en faveur du RACJ[2]. En effet, si

---

[1] Définition donnée par Don Lenihan dans son rapport : LENIHAN, D., *Retrait automatisé de casiers judiciaires : Paramètres pour une approche Canadienne,* Sécurité publique Canada, août 2022 [Traduction de la version originale anglaise].

[2] SPC, *Retrait automatisé de casiers judiciaires : Mobilisation ciblée des intervenants,* Gouvernement du Canada. [En ligne], Accessible au : https://www.canada.ca/fr/services/police/liberationconditionnelle/mobilisation-ciblee-intervenants.html.

certains aspects techniques de la mise en œuvre, tels que la notification du statut du dossier judiciaire à la personne concernée – notamment dans le cas de personnes itinérantes, sans domicile fixe etc – en accord au principe de respect de la vie privée, demeurent un levier d'amélioration, aucun ne constitue de réel frein à son adoption. Comme soulevé dans le rapport de Monsieur Lenihan, il semblerait que le blocage soit plus psychosociologique que proprement légal en ce que certains groupes – largement de défense des droits des victimes – soutiennent que la suspension de casier serait alors trop facile à obtenir et mettrait ainsi la sécurité publique en danger[1]. Certains aspects doivent encore être mûrement réfléchis par le Gouvernement afin de s'assurer que le système soit basé sur des critères d'éligibilité stricts, grâce auquel les biais systémiques seraient largement limités et ainsi permettre une plus grande accessibilité, équité et simplicité dans l'octroi d'un oubli à vocation préventive et non de pardon injustifié.

Ce dissensus franco-canadien sur la nécessité de mettre en œuvre un véritable devoir d'oubli étatique à travers des mécanismes d'effacement automatique souffre, classiquement en droit, d'une part comme de l'autre, de certaines exceptions.

---

[1] *Idem.*

Section 2 : Les exceptions aux principes respectifs

110. Un principe assorti d'exceptions. Que ce soit la consécration française d'un véritable devoir d'oubli à travers le principe de réhabilitation légale, ou le refus d'un automatisme de l'effacement du casier judiciaire canadien, chaque principe respectif souffre d'exceptions à la règle, tempérant tantôt un enthousiasme débordant (**§1**), tantôt une obstination désuète (**§2**).

§1 : Les limites de la mise en œuvre de la réhabilitation légale

111. Des limites théoriques et pratiques. La réhabilitation légale en France a vu d'une part son domaine d'application être restreint par l'exclusion de certaines infractions particulièrement graves de son bénéfice (**A**), mais elle a également vu ses effets limités de manière plus globale encore en raison d'un sempiternel rejet d'un pardon – automatique ou non - considéré excessif et illégitime (**B**).

A. L'exception criminelle à la réhabilitation légale

112. L'exclusion des peines criminelles du champ d'application de la réhabilitation légale. À la lecture de l'article 133-13 du CP, il ressort très clairement que sont exclues du domaine de la réhabilitation légale les peines criminelles. En effet, seules sont visées dans un premier temps les condamnations à une amende ou des jours-amende (art. 133-13, 1°), et d'autre part, les peines d'emprisonnement (art. 133-13, 2° et 3°), ce qui signifie, en vertu des articles 131-1 à 131-4 du CP, qu'aucune condamnation de nature criminelle ne peut donner lieu à la réhabilitation légale. Le législateur a considéré, assurément à juste titre, que les effets de la réhabilitation légale étaient trop importants pour permettre leur application à des crimes - par nature, les infractions les plus graves, du système pénal français - sans aucun examen ni autre forme d'appréciation de la pertinence d'un tel mécanisme au regard de la personnalité de l'auteur et du risque de récidive qu'il peut encore présenter même après avoir purgé sa peine. Il s'agit d'un véritable seuil de gravité établit comme plafond de verre par le législateur à l'égard des auteurs d'infractions graves, sans distinction autre que la nature même de l'infraction : le type d'infraction importe peu, et sont donc ici exclues du bénéfice de la réhabilitation judiciaire tous les crimes de nature sexuelle comme le viol, l'inceste et autres agressions sexuelles, au même titre que tous les autres crimes de droit commun.

Toutefois, cette appréciation de la gravité de l'infraction commise comme facteur d'exclusion du bénéfice de la mesure va également pousser le législateur à écarter les délits les plus graves.

113. Exclusion des lourdes peines correctionnelles du fait de la récidive. L'article 133-13 du CP prévoit que la réhabilitation légale est ouverte aux peines correctionnelles mais une limite est fixée, pour les condamnations uniques, à un emprisonnement n'excédant pas dix ans. Cela exclut donc également du domaine de la réhabilitation légale toutes les condamnations prononcées en matière correctionnelle dont le quantum, initialement fixé à dix ans d'emprisonnement, dépasse ce maximum en raison de l'application des articles 132-8 ou 132-9 du CP relatifs aux peines applicables aux personnes physiques en cas de récidive légale. Pour ce qui est des peines multiples, le total ne doit pas dépasser cinq ans (art. 133-13, 3° CP), ce qui réduit considérablement le champ d'application de la récidive légale dans ce dernier cas de figure. L'idée qui sous-tend ces exclusions légale est très claire : la gravité des infractions commises, du fait de leur nature, de l'aggravation par la circonstance générale de récidive ou encore de multiplicité de leur commission, laisse présumer de la dangerosité de leur auteur à qui l'on ne devrait pas accorder un pardon injustifié, non mérité[1].

114. Une exclusion relative. L'exclusion des crimes et délits graves commis en état de récidive légale du bénéfice de l'automatisme de l'oubli n'est pas totale par la simple mise à l'écart de l'application de l'article 113-13 du CP puisque le législateur a souhaité offrir une dernière possibilité aux condamnés. En effet, l'article 775-2 du CPP offre l'opportunité aux condamnés qui ne peut donner lieu à une réhabilitation de plein droit de demander, sur simple requête, l'exclusion de la mention de leur condamnation au B2 à l'expiration d'un délai de vingt ans à compter de leur libération - définitive ou conditionnelle – en absence de récidive. Certes, les délais sont plus longs que ceux prévus pour la réhabilitation légale, et ne permettent que d'écarter la mention du B2, toutefois cela constitue déjà un avantage non négligeable dans le cas où le condamné n'obtiendrait pas la réhabilitation judiciaire, qui profite à toutes les infractions, peu importe la gravité et peu importe le quantum de la peine[2].

B. Une effectivité limitée

115. Un effacement automatique partiel. La réhabilitation légale a pour effet d'effacer automatiquement les bulletins n°2 et 3 du CJN, sans autre formalité nécessaire de la part du condamné qui en bénéficie, mais seulement ceux-ci. En effet, il n'en va pas de même pour l'effacement

---

[1] V. *infra,* Chapitre 2 ; Section 1 « Vers une méritocratie de l'oubli ? ».
[2] V. *infra*, Chapitre 2 ;

du bulletin n°1 pour lequel le condamné doit, depuis la loi n°2007-297 du 5 mars 2007 susmentionnée revenue pour partie au droit antérieur au code pénal de 1994, en faire la demande expresse, sans quoi la condamnation figurera toujours au B1 du CJN (art. 769, al.2 CPP). Cette demande d'effacement du bulletin n°1 devra se faire, en vertu de l'article 798-1 du CPP, selon les conditions procédurales de fond applicables à la réhabilitation judiciaire. Cela signifie donc que cette demande sera étudiée par les juges au regard de critères globalement subjectifs de dangerosité et de risques de récidive que l'individu peut présenter, et pourra être refusée au condamné pourtant par ailleurs réhabilité de plein droit.

116. Impacts du maintien de la mention de la réhabilitation légale au casier judiciaire. La mention d'une réhabilitation légale figure au casier judiciaire, alors même que la fiche de la condamnation réhabilitée a été retirée. Cette information peut être, dans une certaine mesure, prise en compte lors d'un nouveau passage du réhabilité devant les juridictions. En effet, s'il résulte de la combinaison des articles 133-16 du CP et 769 du CPP qu'une condamnation réhabilitée continue de figurer au CJN, elle ne peut, en principe, sauf exceptions expressément prévues par la loi, en aucun cas être prise en compte par les autorités judiciaires dans la détermination de la peine[1]. En revanche, rien n'interdit aux juridictions de prendre en compte cette mention figurant régulièrement au CJN comme élément de personnalité lors de l'examen de la

[1] Les autorités judiciaires ne peuvent, avant de prononcer une peine contre un prévenu, rappeler des condamnations antérieures alors que celles-ci ont été réhabilitées de plein droit. V. en ce sens, Crim. 10 nov. 2009, n°09-82.368, *AJ pénal*, 2010, 89, obs. Herzog-Evans.

culpabilité du réhabilité[1]. La chambre criminelle de la Cour de cassation a d'ailleurs eu l'occasion de le rappeler à nouveau dans un très récent arrêt en date du 7 mai 2025, dans un considérant de principe confirmant une jurisprudence ancienne : « *en application des dispositions combinées des articles 133-16 du code pénal et 769 du code de procédure pénale, la réhabilitation de plein droit d'une condamnation n'interdit pas à la juridiction de prendre en compte, lors de l'examen de la culpabilité de l'intéressé ou de la peine, cet élément de personnalité figurant régulièrement au dossier de la procédure par sa mention au casier judiciaire* »[2].

117. Exception à l'interdiction de rappeler l'existence de la réhabilitation. Cette faculté des juges de prendre en compte la mention d'une réhabilitation légale figurant régulièrement au B1 du casier judiciaire du prévenu réhabilité dont ils doivent déterminer la culpabilité voire la peine est en réalité une exception légalement prévue par l'article 133-11[3] au principe selon lequel « *il est interdit à toute personne qui, dans l'exercice de ses fonctions, a connaissance de condamnations pénales, de sanctions disciplinaires ou professionnelles ou d'interdictions,*

---

[1] Crim. 17 janv. 2018, n°17-80.402, *Dr. pénal*, 2018, n°71, obs. Peltier.

[2] Crim. 7 mai 2025, n°24-82.093, §9. V. PAMART, D., « Devant le juge, réhabilitation n'est pas amnésie », *D. actu.*, 20 mai 2025. V. également en ce sens, LECERF, J.-R., *Rapport fait au nom de la commission des Lois constitutionnelles, de législation, du suffrage universel, du Règlement et d'administration générale (1), sur le projet de loi, MODIFIE PAR L'ASSEMBLEE NATIONALE, relatif à la prévention de la délinquance,* Sénat, n°132, session ordinaire de 2006-2007, 20 décembre 2006, p. 92.

[3] L'article 133-11 du CP est applicable en matière d'amnistie mais également de réhabilitation légale par renvoi de l'article 133-16 du même code.

déchéances et incapacités effacées par l'amnistie [ou par la réhabilitation légale] d'en rappeler l'existence sous quelque forme que ce soit ou d'en laisser subsister la mention dans un document quelconque. ». Seuls les arrêts et jugements font exception, preuve une fois de plus que la justice n'est pas prête à oublier totalement et inconditionnellement.

§2 : Les exceptions d'automaticité en droit criminel canadien

118. Des hypothèses restreintes d'automatisme en matière d'effacement en droit criminel canadien. Au Canada, s'il n'existe aucun réel système d'effacement automatique équivalent à la réhabilitation légale que l'on connait en France, il existe néanmoins quelques exceptions d'automatisme prévues au titre de la suspension du casier judiciaire[1]. Par exemple, dans domaine du droit criminel autre que les infractions à caractère sexuel, il n'est désormais plus nécessaire de demander une suspension de casier : le dossier relatif à la condamnation pour possession simple d'une substance réglementée sera automatiquement scellé dans le Répertoire national des casier judiciaire selon un échéancier prévu par la *Loi réglementant certaines drogues et autres substances* (LRCDAS) modifiée en 2022[2]. Outre cet exemple, deux exceptions dispensent au

---

[1] Il s'agit du principal système d'oubli conditionné à une démarche proactive du condamné au Canada, plus proche équivalent à la réhabilitation judiciaire française. La suspension de casier judiciaire portant d'ailleurs anciennement le nom de « réhabilitation ». V. *infra*, Chapitre 2 ; Section 1.

[2] Art. 10.6(1) de la LRCDAS (L.C. 1996, ch. 19) modifiée par la *Loi modifiant le Code criminel et la Loi réglementant certaines drogues et autres substances* (L.C. 2022, ch. 15) du 17 novembre 2022 (Projet de loi C-5).

condamné de formuler une demande de suspension de casier auprès de la *Commission des libérations conditionnelles du Canada* (CLCC)[1] : le bénéfice d'une absolution inconditionnelle ou sous conditions après 1992 (**A**) et les règles de conservations spécifiques aux dossiers d'adolescents (**B**).

A. Le semi-automatisme de l'absolution après 1992

119. La non-rétroactivité de la réforme législative de 1992. Si l'auteur d'une infraction criminelle qui reçoit le bénéfice d'une absolution inconditionnelle ou sous conditions en vertu de l'article 730 du *Code criminel* est réputé n'avoir jamais été condamné à l'égard de l'infraction qu'il a commise, il n'en reste pas moins que la mention de l'obtention d'une absolution figure au casier judiciaire tant que la GRC ne procède pas au scellement de l'information conformément aux délais prévus à LCJ. Cette dernière a été modifiée en 1992 par le projet de loi C-71 proclamé le 24 juillet 1992[2], adopté par le Parlement à la suite du rapport d'un comité interministériel chargé de la réforme de la LCJ en date du 20 juillet 1991[3]. La LCJ ainsi modifiée prévoit à l'article 6.1(2) un retrait du fichier automatisé des relevés de condamnations criminelles gérés par la GRC toute mention d'un dossier ou relevé faisant état d'une absolution, selon les délais prévus à l'article 6.1(1). En effet, alors que les mentions relatives à une absolution

---

[1] Elle est le seul organisme officiel fédéral chargé d'ordonner, de refuser d'ordonner et de révoquer les suspensions du casier pour des condamnations conformément aux lois ou règlements fédéraux du Canada. V. *infra*, Chapitre 2 ; Section 1.

[2] L.C. 1992, ch. 22. [archivée]

[3] SOLLICITEUR GENERAL, *Proposition de réforme de la Loi sur le casier judiciaire,* Document explicatif du Solliciteur général du Canada, Ottawa, 20 juillet 1991, p.1.

inconditionnelle ou sous conditions accordée **avant le 24 juillet 1992** figurant au casier judiciaire pour une durée indéterminée doivent faire l'objet d'une demande auprès de la GRC pour être effacée, une absolution accordée après cette date est scellée automatiquement après l'écoulement de délais propres à la nature de l'absolution obtenue. Ainsi, pour une absolution inconditionnelle accordée **après le 24 juillet 1992**, les mentions qui y sont liées sont scellées automatiquement un an après la date de détermination de la peine (art. 6.1(1)a) de la LCJ), et pour ce qui est d'une absolution sous conditions accordée **après le 24 juillet 1992,** les mentions qui y font référence seront scellées trois ans après la date de détermination de la peine (art. 6.1(1)b) de la LCJ).

120. Une réhabilitation automatique conditionnée à l'absence de récidive. Ce mécanisme est ce qui se rapproche le plus de la réhabilitation légale que l'on connait en France. En effet, le terme anciennement usité de « réhabilitation », remplacé en 2012 par celui de « suspension du casier »[1], ne fait pas directement référence au mécanisme d'absolution mais puisque l'effet est le même, une interprétation contextuelle en accord avec l'esprit de la LCJ permettrait de qualifier l'absolution de mesure de réhabilitation. Néanmoins, à la différence de ce dernier, l'absolution n'efface pas définitivement les mentions relatives à l'absolution mais il bien question ici seulement de « sceller », c'est-à-dire d'écarter ces dossiers, d'en limiter drastiquement les conditions d'accès[2], tant que

---

[1] L.C. 2012, ch. 1, art 109.

[2] Aux termes de l'article 6.1(1) de la LCJ, « *Nul ne peut communiquer tout dossier ou relevé attestant d'une absolution que garde le commissaire ou un ministère ou organisme fédéral, en révéler*

la personne ne récidive pas. Ni la réhabilitation devenue suspension, ni l'absolution permettent d'effacer définitivement le passé criminel de l'individu qui pourra ressurgir en cas de récidive[1].

121. Le paradoxe de la réhabilitation d'un non-condamné. L'absolution, qu'elle soit inconditionnelle ou conditionnelle, comme rappelé *supra*, permet au délinquant d'être réputé n'avoir jamais été condamné. Pourtant, alors même qu'il n'a pas été condamné, il doit attendre l'écoulement d'un délai, quand bien même relativement court, avant que de se voir réhabilité. Il paraît contre-productif au mieux, parfaitement ubuesque au pire, de considérer l'absout comme le condamné et de rappeler l'existence d'une déclaration de culpabilité alors même qu'aucune condamnation n'a été prononcée[2].

B. Le cas particulier des dossiers d'adolescents

122. De la destruction à la mise sous scellés. Les règles liées à la conservation, l'utilisation et la communication des dossiers d'adolescents sont, pour la majeure partie, contenues à la partie 6 (articles 110 à 119) de la *Loi sur le système de justice pénale pour les adolescents* (LSJPA)[3]. En vertu de l'article 115(3) de la LSJPA, la GRC conserve dans

---

l'existence ou révéler le fait de l'absolution sans l'autorisation préalable du ministre (...) ».

[1] Montréal (ville) c. Québec (Commission des droits de la personne et des droits de la jeunesse), 2008 CSC 48 (CanLII), [2008] 2 RCS 698, par. 20.

[2] Le juge Gonthier a pu rappeler l'impossibilité de nier l'existence d'une déclaration de culpabilité dans le cas d'une absolution comme d'une suspension (anciennement réhabilitation) dans l'affaire *Therrien* (Re), [2001] 2 R.C.S. 3, 2001 CSC 35, par. 116.

[3] L.C. 2002, ch. 1.

un répertoire central désigné par le commissaire de la GRC tous les dossiers de police (art. 115(1) et 115(2) de la LSJPA) qui lui sont soit communiqués volontairement par le corps de police ayant mené l'enquête lorsqu'un adolescent est inculpé d'une infraction, soit obligatoirement lorsque l'adolescent a été déclaré coupable de ladite infraction (art. 115(2) de la LSJPA), dans un objectif de conservation d'antécédents criminels, de dossiers sur les contrevenants, ou d'identification de criminels par les renseignements contenus aux dossiers. Les conditions d'accès à ces dossiers sont très strictement encadrées puisqu'il est interdit de donner accès pour consultation à un dossier, ou de communiquer des informations qui y figureraient, sauf autorisation ou obligation prévue par la LSJPA (art. 118(1) de la LSJPA). L'article 119(1) de ladite loi dresse notamment une liste exhaustive des personnes pouvant avoir accès aux dossiers, dans les conditions prévues par l'article, et pour une durée fixée au paragraphe (2) de l'article.

La nature de la clémence accordée dépend également de la nature de l'infraction et du mode de poursuite : pour une infraction punissable par procédure sommaire, la GRC procède à la destruction du dossier de l'adolescent après écoulement d'un délai de trois ans à compter de l'exécution complète de la peine spécifique relative à cette infraction[1]. Dans le cas de la commission d'un acte criminel, à savoir d'une infraction punissable par mise en accusation, la GRC procède à la mise sous scellés du dossier de l'adolescent à

---

[1] Informations disponibles sur le site de la GRC : https://grc.ca/fr/casiers-judiciaires/gestion-casiers-judiciaires. V. également, A.D. c. Procureur général du Québec, 2024 QCCS 4811 (CanLII).

l'écoulement d'un délai de cinq années à compter de l'exécution de la peine relative à l'infraction commise[1].

123. La condition de non-récidive. Là aussi, la récidive devient un facteur non pas d'exclusion du bénéfice de l'effacement ou de la mise à l'écart du dossier de l'adolescent, mais d'allongement des délais au terme desquels la GRC procédera à la destruction ou la mise sous scellés dudit dossier. Outre ce dernier aspect, la GRC précise que les dossier sont inexorablement détruits ou mis sous scellés à l'expiration de la période de conservation qui s'applique à toutes les infractions[2].

124. Du devoir institutionnel au droit individuel, la recherche d'un oubli effectif. En consacrant l'effacement automatique de certaines condamnations pénales, les systèmes juridiques français et canadien – bien que ce dernier ne le consacre qu'au titre d'exceptions très limitées - semblent, en apparence, reconnaître l'existence d'un devoir d'oubli. Mais cet oubli prétendument acquis s'avère en pratique largement illusoire. Rendu inopérant par un enchevêtrement d'exceptions, de restrictions et de délais excessivement longs, ce mécanisme automatique ne bénéficie qu'à une minorité de condamnés et ignore précisément ceux pour qui l'oubli serait le plus décisif en vue d'une réinsertion effective. En France, la réhabilitation légale, dont les délais peuvent atteindre plusieurs décennies, vide de sens toute ambition de réintégration rapide dans la société : au lieu de permettre au condamné de tourner la page, elle fige sa trajectoire dans une attente punitive supplémentaire. Cette pseudo-automaticité, inégalitaire dans son application et conditionnée à des

---

[1] *Idem.*
[2] V. *supra*, Partie 2, Chapitre 1.

critères souvent déconnectés de la réalité du parcours de réinsertion, montre ses limites dans un contexte où la stigmatisation post-pénale reste structurellement ancrée. Il apparaît alors indispensable de penser l'oubli autrement — non plus comme un effacement différé, impersonnel et incertain, mais comme un droit effectif, activable, fondé sur une demande et un examen au cas par cas.

Chapitre 2 : La mise en œuvre compromise d'un droit individuel à l'oubli

125.L'oubli pénal en quête d'effectivité : entre consécration fragile d'un droit à la réinsertion et entraves systémiques d'une exigence sécuritaire. La nécessité de consacrer un véritable droit individuel à l'oubli pénal s'impose dans un système répressif qui prétend réconcilier sanction et réinsertion. Un tel droit, loin de la relative inconditionnalité de l'automatisme d'un devoir d'oubli institutionnalisé, suppose un examen casuistique de la situation du condamné, fondé sur son parcours, son évolution et les garanties qu'il offre en matière de prévention de la récidive. Cette logique de mérite, empreinte d'une exigence rare en droit de la peine, semble pourtant le seul moyen socialement et juridiquement acceptable d'articuler efficacement les impératifs de réintégration sociale et ceux de la sécurité publique. Aussi nécessaire soit-il, ce droit, encore balbutiant dans les systèmes juridiques contemporains, se heurte néanmoins à des résistances multiples (**Section 1**). Car au-delà des contraintes strictement juridiques, c'est un véritable changement de paradigme qu'il suppose : dans un monde où la mémoire se numérise, où cette virtualité du crime et de sa répression est plus transparente que jamais, où la coopération pénale internationale est devenue une arme majeure dans la lutte contre une criminalité transfrontière grandissante, l'oubli semble chaque jour plus inatteignable (**Section 2**).

Section 1 : La consécration d'un droit à l'oubli limité

126.Des techniques d'effacement largement bridées. Que ce soit la réhabilitation judiciaire en France ou la suspension de casier au Canada, les mécanismes juridiques mettant en œuvre un droit individuel à l'oubli sont soumis à un ensemble de conditions procédurales, sociales et comportementales si particulièrement strictes (**§1**) que leurs effets, pourtant si importants en théorie, et surtout si nécessaires à une réinsertion effective du condamné participant à le détourner de la récidive, s'en trouvent à tel point réduits que l'intérêt même de la mesure s'en trouve compromis (**§2**).

§1 : Des conditions de mise en œuvre particulièrement strictes

127.La multiplication stérile des conditions. La double condition à la fois temporelle qui dicte l'initiative individuelle de demande d'effacement du passé pénal (**A**), et comportementale qui exige une réinsertion pourtant objet de la mesure (**B**), limite drastiquement les effets du droit à l'oubli.

A. Des délais incompatibles avec la finalité de la mesure

128. Délais de droit commun. En France comme au Canada, l'écoulement d'un délai légalement prévu est nécessaire avant que de pouvoir déposer respectivement une demande de réhabilitation judicaire ou de suspension du casier judiciaire ; une durée suffisante censée permettre de s'assurer de l'effectivité de la réinsertion du demandeur. En France, cette condition temporelle étant combinée à une exigence probatoire concernant la réinsertion, le législateur a entendu abaisser les délais qu'il a prévu pour la réhabilitation légale qui profite, elle, gratuitement à l'intéressé. Ainsi, aux termes de l'article 786, al. 1er du CPP, le délai de droit commun pour la réhabilitation judiciaire est d'une année en ce qui concerne les personnes condamnées à une peine contraventionnelle, trois ans pour une peine correctionnelle et de cinq années pour une peine criminelle, précision faite que seule la nature de la peine effectivement retenue par les juridictions est retenue, et non celle encourue. Ainsi, l'auteur d'un crime condamné seulement à une peine correctionnelle pourra formuler une demande en vue de l'obtention d'une réhabilitation judiciaire au terme des trois ans réglementaires, et le délinquant récidiviste puni d'une peine criminelle devra, quant à lui, patienter deux années de plus[1]. Au Canada, les délais en question sont considérablement plus longs car pouvant aller jusqu'au double des délais français pour ce qui est des infractions les plus graves. Toutefois, il est à noter que de nombreuses réformes ont modifié ces délais et que, depuis le 19 mars 2020[2], les modifications apportées à la *Loi sur le casier*

---

[1] Le délinquant condamné à une peine criminelle qui, suite à un décret de grâce, verrait le *quantum* de sa peine diminuer jusqu'à tomber dans le champ des peines correctionnelles, resterait tenu par le délai de cinq ans applicables aux condamnés aux peines criminelles (Crim. 22 avr. 1909, *S.* 1910, 1. 168.).

[2] Le 1er août 2019, la *Loi prévoyant une procédure accélérée et sans frais de suspension de casier judiciaire pour la possession simple de cannabis* (L.C. 2019, ch. 20 ; projet de loi C-93) est entrée en vigueur et est venue modifier la LCJ. Toutefois, le 19 mars 2020 (P.H. c. Canada (Procureur général), 2020 CF 393 (CanLII), [2020] 2 RCF 461), la Cour fédérale a déclarées inconstitutionnelles les dispositions transitoires des modifications à l'article 4 de la LCJ, à savoir l'article 10 de la *Loi limitant l'admissibilité à la réhabilitation pour des crimes graves* et l'article 161 de la *Loi sur la sécurité des rues et des communautés,* concluant que ces dispositions contrevenaient aux paragraphes 11(h) ett 11(i) de la *Charte canadienne des droits et libertés* en raison d'un alourdissement de la peine imposée au moment du prononcé de la sentence qu'elles provoquaient, privant alors les demandeurs de leur droit de bénéficier de la peine la moins sévère applicable au moment où l'infraction a été commise. C'est pour cette raison et depuis cette décision que la *Commission des libérations conditionnelles du Canada*

judiciaire (LCJ) en 2010 et 2012 ne sont plus appliquées rétroactivement pour les demandeurs ayant commis leur première infraction avant l'entrée en vigueur de ces modifications : les demandes sont alors traitées en fonction des critères d'admissibilité de la LCJ en vigueur au moment de la commission de la première infraction commise par le demandeur. Ainsi, si la première infraction a été commise **avant le 29 juin 2010**, alors le délai sera de cinq ans en cas de poursuite par voie de mise en accusation, et de trois ans pour une infraction punissable sur déclaration de culpabilité par procédure sommaire, à l'expiration de la peine infligée. Si l'infraction a été commise **entre le 29 juin 2010 et le 12 mars 2012,** alors les délais sont – à l'expiration de toute peine - de dix ans pour une infraction ayant causé des sévices graves à la personne au sens de l'article 752 du *Code criminel*[1], cinq ans pour toute infraction ayant fait l'objet d'une poursuite par voie de mise en accusation ou pour une infraction visée à l'annexe 1 punissable sur déclaration de culpabilité par procédure sommaire, et enfin trois ans pour une infraction autre que celles susmentionnées punissable sur déclaration de culpabilité par procédure sommaire. Enfin, **depuis le 13 mars 2012**, les délais sont de dix ans pour une infraction ayant fait l'objet d'une poursuite par voie de mise en accusation et de cinq ans pour une infraction punissable sur déclaration de culpabilité par procédure sommaire, sous réserve des autres conditions légales et critères d'admissibilité à la suspension du casier en vertu de la LCJ (art. 4(1) LCJ).

(CLCC) n'applique plus rétroactivement les modifications législatives apportées à la LCJ en 2010 et 2012 - pour ce qui est des périodes et critères d'admissibilité – aux demandeurs ayant commis leur plus récente infraction avant l'entrée en vigueur de ces changements.

[1] [Ancien ; en vigueur entre 2010 et 2012].

129. Les exceptions d'allongement des délais. De façon relativement classique en droit pénal français, certaines catégories de condamnés sont soumises à des délais plus longs. C'est le cas notamment des récidivistes, des personnes ayant prescrit une peine criminelle – qu'elles aient été jugées contradictoirement ou par défaut – ainsi que des personnes ayant déjà bénéficié antérieurement d'une réhabilitation légale. Dans ces trois hypothèses, le délai qui leur est imposé est de dix ans si la peine nouvellement subie par le récidiviste, prescrite ou si les faits ultérieurs du réhabilité sont de nature criminelle, et de six ans en matière correctionnelle (art. 787 CPP).

130. Nouveau délai en cas de rejet de la demande initiale. En cas de rejet de la requête du condamné en vue d'obtenir la réhabilitation judiciaire, un nouveau délai de deux ans pour les personnes physiques et d'un an pour les personnes morales (art. 797 CPP) qui ne peut en aucun cas être modifié, réduit, augmenté ou supprimé, par la juridiction saisie (art. D.49-32 ; D.49-33 et D. 49-36 CPP)[1]. Par exception, il est toutefois inopposable aux « héros »[2].

131. L'oubli comme récompense des « héros ». Historiquement, l'oubli est accordé aux personnes qui, par leur comportement d'une bravoure remarquable, leur comportement héroïque, ont en quelque sorte obtenu de leur propre mérite leur rédemption. Il en va ainsi

---

[1] L'appel étant par nature impossible concernant les décisions de la chambre de l'instruction, juridiction d'appel, seul un pourvoi en cassation est néanmoins possible, ce qui est d'autant plus appréciable au regard du nouveau délai de deux ans qui commencent à courir à partir du refus de la première demande avant que de pouvoir en reformuler une nouvelle.
[2] Crim. 3 févr. 1953, Bull. crim. n°32.

traditionnellement en matière de grâce voire d'amnistie[1]. La Seconde Guerre mondiale a notamment été à l'origine de nombreux actes héroïques et un article 625 avait été ajouté au code de l'instruction criminelle par une ordonnance du 13 août 1945, supprimant tout délai pour l'obtention de la réhabilitation judiciaire à l'égard de celui qui aurait rendu des services éminents au pays « au péril de sa vie ». Aujourd'hui consacré à l'article 789 du CPP, ce principe subsiste sans pour autant que la vie du héros en question ait été en jeu dans la réalisation de son acte de bravoure, bien que l'instruction générale exige de très importants services rendus au pays (art. C.1076 CPP)[2].

Si le comportement exceptionnellement héroïque d'un individu fait présumer de son mérite à obtenir, sans délai, une réhabilitation judiciaire, il n'en reste pas moins que pour le commun des mortels, il faut attendre entre un et cinq ans - voire dix pour les multirécidivistes - pour espérer formuler une demande qui n'aboutira peut-être jamais. De fait, l'obtention de la réhabilitation judiciaire étant conditionnée à la preuve d'une réinsertion effective, elle n'est pas obligatoirement accordée, comme peut l'être à l'inverse la réhabilitation légale dès que les conditions temporelles sont remplies. Or, il semble assez paradoxal d'ériger en condition préalable de la mesure la conséquence même qu'elle est censée produire. Une sorte de cycle vicieux se forme pour le condamné, qui espère bénéficier d'une réhabilitation judiciaire qui permettrait sa réinsertion, mais qui doit, pour l'obtenir, rapporter la preuve de sa

---

[1] V. DANET, J., GRUNVALD, S., HERZOG-EVANS, M. et LE GALL, Y., *Prescription, amnistie et grâce en France*, Rapport final, Université de Nantes, Recherche subventionnée par le GIP « Mission Recherche Droit et Justice » (décision n°23.10.07.08), mars 2006.

[2] V. HERZOG-EVANS, M., V° « Réhabilitation », *Rép. pen.,* Dalloz, 2024.

réinsertion effective. L'un dans l'autre, conditions et conséquences se confondent et privent alors la mesure de tout sens.

B. Vers une méritocratie de l'oubli ?

132. Condition de preuve de l'exécution de la peine. Outre les conditions temporelles auxquelles sont soumises les demandes tant de réhabilitation judiciaire que de suspensions du casier judiciaire, des conditions de fond exigent du demandeur qu'il rapporte la preuve, au mieux, de sa réinsertion, à tout le moins de son comportement irréprochable pendant toute la durée du délai d'attente, et même bien avant cela, dans la façon qu'il a eue de s'acquitter de sa peine. En effet, dans un premier temps, le demandeur doit prouver qu'il s'est bel et bien acquitté de sa peine. Cette exigence figure, en matière de réhabilitation judiciaire, aux articles 786 et 787 du CPP et à l'article 4(1) de la LCJ ce qui est des demandes de suspension du casier. La peine s'entend, en France comme au Canada, à la fois des peines d'emprisonnement, de suris, périodes de liberté conditionnelle ou encore probation, mais également du paiement de la totalité des amendes, suramendes, frais et montants prévus au titre d'une ordonnance de restitution ou de dédommagement (art. 4(1) C. crim ; art. 788, al. 1er CPP ; art. 737 LCJ) en ce que la mesure de clémence ne doit en aucun cas nuire aux intérêts des tiers (art. 133-10 et 133-16 CP ; art. 783 CPP. Il ne saurait y avoir d'oubli pour celui qui n'a pas encore « payé sa dette » à la société.

133. La réinsertion, condition d'obtention de l'oubli : un renversement de la charge de la preuve. La loi française ne précise pas formellement ce qui est attendu du condamné. Il est néanmoins classiquement exigé un comportement irréprochable[1] évalué notamment sur la conduite adoptée par le condamné au cours de l'exécution de sa peine privative de liberté (art. 792 CPP) et après celle-ci, spécialement visé à la motivation de la décision concernant la demande de réhabilitation[2]. Il est également exigé, pour obtenir la réhabilitation judiciaire, que le condamné soit déjà réinséré : à savoir que seront attendus certains éléments probants particuliers tels qu'un emploi, une formation, un parcours qualifiant, un ou des diplômes, une stabilité familiale, etc. Si le condamné était déjà inséré, seront alors attendus des efforts continus, et que sa situation sociale, si elle ne s'est pas manifestement améliorée, se soit à tout le moins maintenue. Tout élément positif attestant de la bonne moralité du condamné, de ses fréquentations à ses passe-temps, sera pris en compte par le procureur de la République dans le cadre de l'enquête qu'il diligente dès sa saisine (art. 791 CPP), et avec le plus de discrétion possible pour ne pas compromettre les efforts du condamné de mener une vie citoyenne discrète et rangée (art. C.1077 CPP). L'appréciation de ces critères, notamment au regard de certaines professions qui exigent une probité toute particulière[3] – sans que cela ne puisse constituer en soi une cause d'exclusion de principe du bénéfice de la

---

[1] Art. 787 al. 4 CPP. La condition de « conduite irréprochable » a été spécialement visée par le législateur dans le cas des prescrits.

[2] La Cour de cassation exige une motivation expresse concernant le comportement du condamné lors de l'exécution de sa peine. V. Crim. 11 déc. 1952, *Bull. crim.* n°302 ; Crim. 12 février 1963, Bull. crim. n°72, D. 1963. 442, *RSC* 1963. 798, obs. Légal ; Crim. 20 févr. 1973, n°72-91.270, *Bull. crim.* n° 84, D. 1973, somm. 47, *Gaz. Pal.* 1973. 382, note X.

[3] Il peut être retenu que la profession exercée par le condamné au moment de la commission de l'infraction et qui exigeait pourtant une grande probité, expose le demandeur à une plus grande sévérité des juges à son égard. Par exemple, Crim. 20 févr. 1973, n°72-91.270, *Bull. crim.* n°84.

réhabilitation – est à la discrétion des juges[1] qui disposent d'un pouvoir souverain en la matière[2].

De manière similaire, il appartient à la *Commission des libérations conditionnelle du Canada* (CLCC), seule compétente pour décider de l'ordonnance, du refus ou de la révocation d'une suspension de casier (art. 2.1(1) LCJ), d'examiner les demandes de suspension du casier (art. 2.2(1) LCJ) à la lumière des éléments recueillis lors d'enquêtes qu'elle diligente (art. 4.2(1) à 4.2(1.2) LCJ) en vue de déterminer et de se convaincre que le demandeur s'est bien conduit[3] et que la suspension de casier « *apporterait au demandeur un bénéfice mesurable, soutiendrait sa réadaptation en tant que citoyen respectueux des lois au sein de la société et ne serait pas susceptible de déconsidérer l'administration de la justice.* » (art. 4.1(1)b) LCJ)[4].

Au risque de tomber dans l'anaphore, insistons tout de même ici sur l'aspect parfaitement contradictoire et essentiellement paralysant de conditionner l'obtention de la mesure à la conséquence qu'elle est censée produire. L'exigence probatoire d'une réinsertion effective de la part du condamné qui sollicite la réhabilitation ou la suspension à cet effet a pour unique répercussion de rendre inopérant le mécanisme.

---

[1] Mention doit être faite ici que le juge de l'application des peines (JAP) doit nécessairement ^tre consulté pour avis (art. 791 a. 2 CPP).

[2] Crim. 6 nov. 1947, *Bull. crim.* n°217 ; Crim. 21 févr. 1952, *D.* 1952. 302 ; Crim. 20 févr. 1973, n°72-91.270, *Bull. crim.* n°84 ; Crim. 23 juin 2004, n°03-87.647.

[3] Précision faite que, si la CLCC se propose de refuser la suspension du casier, elle en avertit le demandeur afin que celui-ci puisse présenter des observations pour son compte (art. 4.2(2) et 4.2(3) LCJ).

[4] Les critères pour déterminer si la suspension serait susceptible de déconsidérer l'administration de la justice sont énoncés à l'article 4.1(3)a),b),c) et d) de la LCJ.

134. La peur du risque. L'exigence d'une réinsertion avérée de la part du condamné qui sollicite l'effacement vise également à s'assurer que ce dernier ne représente plus aucun risque et que l'octroi de la clémence ne compromettra pas, à l'avenir, la sécurité publique. C'est la raison pour laquelle, au Canada, le doute persiste malgré l'écoulement des délais censés permettre ladite réinsertion et l'examen approfondi du mérite du condamné par la CLCC, et qu'ainsi, l'effacement issu de la suspension n'est jamais total et définitif.

§2 : Les limites fonctionnelles du droit à l'oubli

135. Une effectivité limitée. Les mécanismes juridiques français et canadiens de mise en œuvre du droit à l'oubli souffrent de limites telles qu'ils maintiennent une épée de Damoclès au-dessus de la tête du réhabilité, l'exhortant à rester dans le droit chemin sans jamais plus s'en écarter par la menace d'une révocation de la clémence accordée ou de prise en compte des peines pourtant réhabilitées en cas de récidive (**A**). La suspension de casier écarte même de son bénéfice certaines catégories de condamnés, au profit d'autres mécanismes d'effacement (**B**).

A. Les effets limités des mécanismes d'oubli judiciaire

136. Effacement définitif ou en sursis, la persistance du doute. En France, la réhabilitation judiciaire supprimait originellement les peines elles-mêmes et ces dernières ne comptaient plus ni pour la détermination du premier terme de la récidive, ni pour la détermination de la peine alors applicable à l'infraction nouvelle. C'est la loi de 2007[1] qui a mis un terme à ce régime et prévoit désormais que les peines réhabilités comptent toujours pour l'application des règles relatives à la récidive[2]. Ainsi, puisque les peines étaient réhabilitées, il apparaissait logique de les effacer de l'ensemble des bulletins du CJN (art. 769 CPP). Or la loi de 2007 est revenue au droit antérieur à l'entrée en vigueur du nouveau code pénal de 1994 en ce qu'elle prévoit que seuls les bulletins n°2 et 3 sont effacés par principe dès l'obtention de la réhabilitation judiciaire et que, sauf demande expresse de la part du réhabilité, la condamnation demeure au B1[3]. C'est donc par exception que la juridiction peut accorder l'effacement du B1 (art. 769 et 798 CPP). En revanche, en ce qui concerne la suspension du casier au Canada, il n'est pas question d'effacement. Autrefois appelée « pardon »[4], la suspension du casier judiciaire n'a pour effet que d'« *entraîne[r] le classement du dossier ou du relevé de la condamnation à part des autres dossiers judiciaire* » (art. 2.3.b) LCJ). Elle permet seulement d'invisibiliser la condamnation en retirant le casier judiciaire d'une personne de la base de données du Centre d'information de la police canadienne (CIPC). C'est ce qui offre au réhabilité la possibilité d'accéder à l'emploi, l'éducation, et de se réintégrer pleinement à la société sans craindre une stigmatisation liée à la publicité de son passé pénal. Toutefois, cette nouvelle chance peut être retirée au condamné plus rapidement encore qu'elle ne lui a été

---

[1] L. n° 2007-297 du 5 mars 2007 relative à la prévention de la délinquance, susmentionnée.

[2] V. HERZOG-EVANS, M., V° « Réhabilitation », *Rép. pen.,* Dalloz, 2024, par. 1023.212.

[3] La mention de la réhabilitation obtenue y figure conjointement.

[4] Le terme de « suspension du casier » a été substitué à l'ancienne dénomination de « pardon » suite à la modification à la LCJ apportée par la loi C-10 du 13 mars 2012, L.C. 2012, ch. 1.

accordée : en cas de condamnation pour une nouvelle infraction ayant fait l'objet d'une poursuite par voie d'accusation ou, dans certains cas, d'une infraction punissable par procédure sommaire (art. 7a) ; 7.2a) LCJ), en cas de mauvais comportement avéré (art. 7b) LCJ), ou de déclaration trompeuse ou mensongère au moment de la demande (art. 7c) LCJ), ou de déclaration d'inadmissibilité à la suspension au moment où elle a finalement été ordonnée art. 7.2b) LCJ), alors elle peut être révoquée ou devenir nulle (art. 7.2 LCJ). En cas d'annulation ou de révocation, le dossier du condamné reprend alors place dans la base de données du CPIC.

137. Le fédéralisme comme limite d'effectivité. La suspension du casier constitue une mesure officielle destinée à rétablir l'honneur entaché d'un auteur d'infraction à une loi fédérale et la LCJ ne s'applique qu'aux dossiers gardés par les ministères et les organismes fédéraux. Cela suppose que la mise à l'écart fédérale du dossier prévue par la suspension n'implique pas nécessairement l'application provinciale de la mesure. En pratique, la plupart des organisations provinciales et municipales de justice pénale en limitent l'accès dès qu'elles sont averties d'une suspension de casier[1], toutefois l'on peut aisément imaginer qu'en cas de mauvaise communication, cela ne soit pas effectivement fait et qu'un condamné ayant bénéficié d'une suspension se retrouve néanmoins impacté dans sa recherche d'emploi, de logement, ou la reprise d'études par exemple, dans une province autre que celle dans laquelle il a commis l'infraction et obtenu sa réhabilitation.

---

[1] CLCC, *Rapport au Parlement 2019-2020 du Programme de suspension du casier*, 2020, p. 2.

De la même façon que les dossiers écartés à un niveau fédéral mais pouvant subsister sur le plan provincial, certaines informations liées à la condamnation réhabilitées peuvent néanmoins subsister dans certains fichiers spécialisés lorsque l'auteur s'est rendu coupable d'une infraction plus sévèrement réprimée comme c'est le cas des infractions à caractère sexuel.

B. L'exclusion partielle des infractions sexuelles

138. L'exclusion des infractions sexuelles commises sur mineurs du bénéfice du système canadien de suspension du casier. Alors même que le domaine d'application de la réhabilitation judiciaire française est très large et bénéficie à tous les condamnés, sans discrimination en raison de la nature de l'infraction ou de la peine (art. 782 CPP) – comme c'est le cas pour la réhabilitation légale – et peut donc s'appliquer aux auteurs d'infractions sexuelles graves, le système canadien de suspension du casier exclut, lui, certains criminels du bénéfice de la mesure, dont certains auteurs d'infractions sexuelles. En effet, si l'article 3(1) de la LCJ dispose que « *toute personne condamnée pour une infraction à une loi fédérale peut présenter une demande de suspension du casier à la Commission à l'égard de cette infraction* », ce n'est qu'en réserve de l'article 4 qui restreint l'accès à certains auteurs : sont inadmissibles à la suspension les personnes ayant été condamnées pour une infraction visée à l'annexe 1 de la LCJ, ou pour plus de trois infractions ayant chacune fait l'objet d'une poursuite par voie de mise en accusation (art. 4(2)a) et b) LCJ). Sont en l'espèce visées à l'annexe 1 toutes les infractions au *Code criminel* de nature sexuelle commises sur un mineur ou impliquant un enfant de quelque façon que ce soit. Cette exclusion n'est pa totale car, par exception toutefois, l'article 4(3) prévoit que peuvent présenter une demande de suspension pour une infraction visée à l'annexe 1 les auteurs dont la CLCC est convaincu qu'ils n'étaient pas en situation d'autorité ou de confiance vis-à-vis de la victime, que cette dernière n'était pas en état dépendance vis-à-vis d'eux, qu'ils n'ont pas usé de violence, d'intimidation ou de contrainte, ou que l'auteur et la victime avaient un écart d'âge inférieur à 5 ans.

139. D'autres mécanismes d'oubli. Tout comme le législateur a prévu l'article 775 du CPP en cas d'inadmissibilité à la réhabilitation légale, le législateur canadien a prévu une parade. En effet, il existe un pardon conditionnel disponible avant l'admissibilité ou en raison de l'inadmissibilité aux termes de la LCJ. Ce pardon conditionnel prévu à l'article 748(2) du *Code criminel* constitue une forme de réhabilitation – formellement, une prérogative royale de clémence (PRC) -, assortie de conditions, octroyé à une personne même déclarée inadmissible à la suspension du casier, et qui produit les mêmes effets qu'une suspension de casier ordonnée aux termes de la LCJ. Pour espérer obtenir cette ultime chance de réhabilitation, le condamné doit démontrer un comportement exempt de tout reproche, et conforme aux politiques de la CLCC. En somme, il doit rapporter la preuve que le fait de posséder un casier, pourtant conséquence normale du fait d'avoir commis une infraction, constitue à son égard un châtiment trop sévère, disproportionné. Ce recours constitue le dernier rempart de l'oubli pour les auteurs d'infractions sexuelles considérées comme les plus graves.

140. Signalement des auteurs d'infractions sexuelles. Au Canada, la suspension de casier octroyée à un délinquant sexuel est signalée dans le CPIC. Ainsi, malgré sa réhabilitation le délinquant qui souhaite travailler ou faire du bénévolat auprès d'une population dite « vulnérable » (par exemple des enfants, des personnes âges etc), devra se soumettre à une vérification de l'habilitation à travailler auprès de ces personnes et la mention de sa déclaration de culpabilité pour infraction sexuelle pour laquelle il a obtenu une suspension sera indiquée à son potentiel futur employeur (art. 6.3(1) à 6.3(8) et 6.4 de la LCJ). De manière similaire, en France, la réhabilitation judiciaire n'a aucun impact sur les informations contenues au FIJAIS (art.706-53-4 CPP), ce qui annihile très largement l'intérêt d'une réhabilitation judiciaire qui aurait dû permettre une réinsertion durable avec un accès à l'emploi notamment, qui s'en retrouve alors barré[1].

141. Des mécanismes juridiques d'oubli inadaptés à la société moderne. Les systèmes d'oubli judiciaires prévus par le droit pénal français comme le droit criminel canadien font face non seulement à des limites en droit interne, mais sont surtout confrontés au risque de devenir inopérants face aux défis contemporains d'une société interconnectée et d'une lutte contre la délinquance sexuelle internationalisée.

---

[1] V. *supra* Partie 1 ; Chapitre 1 ; Section 1 ; §2 ; B : Les conséquences socio-professionnelles.

Section 2 : Les défis contemporains de la mise en œuvre du droit à l'oubli

142. L'oubli en tension : un droit fragile face aux logiques contemporaines du droit pénal. L'oubli en droit pénal se heurte aujourd'hui, d'une part, à la numérisation et à l'interconnexion de tous les aspects – dont juridiques – de la société (**§1**), et, d'autre part, à une réflexion internationalisée en matière de lutte contre le crime qui ne laisse plus guère place qu'à une mémorisation grandissante et quasi infinie des informations liées aux infractions et à leurs auteurs dans une logique toujours plus préventive (**§2**).

§1 : Oubli et justice moderne, entre transparence et permanence numérique

143. La numérisation au service de la mémoire pénale. Longtemps tenu à la marge du droit pénal, l'oubli y est désormais appréhendé comme un principe fondamental, notamment dans sa dimension réintégrative. Pourtant, sa reconnaissance se heurte concurremment à d'autres principes tout aussi fondamentaux, au premier rang desquels figurent la transparence et la publicité, érigées en piliers de la justice contemporaine. En droit pénal français comme en droit criminel canadien, ces exigences de lisibilité et de circulation de l'information judiciaire sont largement incompatibles avec les impératifs d'effacement et de discrétion que commande un véritable droit à l'oubli. Dans un monde où la justice se numérise, se centralise et s'ouvre à l'interconnexion des données (**A**), il devient urgent de repenser les conditions d'un oubli pénal effectif (**B**).

A. La justice moderne, entre transparence et permanence numérique

144. Une nouvelle forme de stigmate judiciaire : le tatouage numérique[1] de la condamnation. « *Justice must not only be done; it must also be seen to be done* »[2]. Ce célèbre adage du droit anglo-saxon, à l'origine formulé en défense de l'impartialité de la justice, et devenu principe directeur des démocraties modernes, exprime aussi, pris dans son acception la plus littérale, l'idée que la justice ne saurait être légitime si elle n'est pas rendue de manière

---

[1] L'expression de « tatouage numérique » est d'abord née dans le domaine des sciences sociales et des technologies pour désigner l'empreinte que nous laissons en ligne, notamment sur les réseaux sociaux, les bases de données etc. Elle désigne une technique liée au domaine de stéganographie aussi appelée « filigrane » ou « watermark » en anglais, en matière de protection des droits d'auteurs. Elle est ici entendue, d'un point de vue juridique, comme la marque, l'empreinte numérique laissée par les acteurs de la procédure pénale sur les différents sites, plateformes, banques de données diverses et variées en ligne.

[2] « *La justice ne doit pas seulement être rendue, il faut aussi que chacun puisse voir qu'elle est rendue* » : traduction littérale employée par le Professeur Serge Guinchard : GUINCHARD, S., V° « Procès équitable »,, *Rép. proc. civ.,* mars 2017 (actualisation nov. 2025), 502. Il s'agit là d'une expression employée par la CEDH dans un considérant de principe à l'occasion de l'affaire *Delcourt c. Belgique* (CEDH, *Delcourt c. Belgique,* 17 janv. 1970, n° 2689/65), faisant référence originellement à la théorie des apparences, mise en avant par la CEDH dans cet arrêt et rappelée dans l'affaire *Borgers* (CEDH, *Borgers c. Belgique,* n° 12005/86, 1991), qui affirme l'importance de l'impartialité des juges. Elle a ensuite été reprise dans son acception littérale pour exprimer l'idée qu'une justice bien rendue est une justice rendue aux yeux de tous.

publique. La justice pénale contemporaine repose ainsi sur une double exigence de transparence et de publicité, perçue comme condition essentielle du procès équitable et de la confiance du public dans l'institution judiciaire. Ce principe est garanti, en droit européen, par l'article 6 §1 de la Convention européenne de sauvegarde des droits de l'homme et des libertés fondamentales (Conv. EDH), qui impose que « le jugement soit prononcé publiquement », sous réserve de limitations strictement encadrées, telles que la protection des mineurs, de la moralité ou de la sécurité publique, et à l'article 14.1 du Pacte international des droits civils et politiques (PIDCP). La CEDH attribue à cette garantie un caractère fondamental, ce qu'elle a consacré dans un attendu de principe en 1983 : « La publicité de la procédure des organes judiciaires [...] protège les justiciables contre une justice secrète échappant au contrôle du public ; elle constitue aussi l'un des moyens de préserver la confiance dans les cours et tribunaux. Par la transparence qu'elle donne à l'administration de la justice, elle aide à réaliser le but de l'article 6, § 1er : le procès équitable, dont la garantie compte parmi les principes fondamentaux de toute société démocratique au sens de la Convention »[1]. En droit canadien, le principe de publicité a été consacré comme principe constitutionnel par la Cour suprême du Canada dans sa jurisprudence constante depuis l'adoption de la Charte canadienne des droits et libertés en 1982 [2]. L'article 11(d) de la Charte garantit à

---

[1] Arrêts CEDH, *Pretto c. Italie,* 8 déc. 1983, req. n°7984/77, §21 et CEDH, *Axen c. Allemagne,* req. n°8273/78, §25. V. LEMASSON, A., « Justice internationale pénale : procédure », *Rép. pen.,* Dalloz, 2023, par. 224.

[2] Partie I de la *Loi constitutionnelle de 1982*, annexe B de la *Loi de 1982 sur le Canada* (R.-U.), 1982, ch. 11. Elle a pu affirmer qu'il est « essentiel dans une démocratie et fondamental pour la primauté du droit que la transparence du fonctionnement des tribunaux soit perçue

toute personne inculpée le droit à un procès équitable et public, tandis que l'article 2(b) protège la liberté d'expression, incluant l'accès à l'information judiciaire. Cette publicité irrigue toutes les étapes de la procédure pénale, de l'enquête[1] au jugement et jusqu'à la phase post-sentencielle

145. La publicité des débats. La publicité des audiences pénales, en droit pénal interne français, figure parmi les principes généraux du droits aux côté de l'oralité[2]. Elle est régie par les articles 306, 400, 512 et 535 du CPP au titre des audiences répressives et signifie que ces dernières doivent en principe être accessibles au public et que n'importe qui est en droit d'y assister. Plus largement encore, elle suppose la publicité de l'audience du jugement lui-même. La seule exception étant celle du huis clos pouvant être ordonné « dans l'intérêt de la moralité, de l'ordre public ou de la sécurité nationale dans une société démocratique, lorsque les intérêts des mineurs ou la protection de la vie privée des parties au procès l'exigent ou dans la mesure jugée strictement nécessaire par le tribunal, lorsque dans des circonstances spéciales la publicité serait

---

comme telle » et que « dans les faits, chacun puisse constater que les tribunaux fonctionnent ouvertement sous les regards pénétrants du public » : CSC, *Edmonton Journal c. Alberta (Procureur général),* [1989] 2 RCS 1326, p. 1339. V. CAMERON, J., *La vie privée des victimes et la Justice ouverte 2.0 : Aux frontières du changement*, Ministère de la Justice, Division de la recherche et de la statistique, 2020, p. 6.

[1] L'exception en droit penal français veut que l'instruction soit tenue au secret (art. 11 CPP).

[2] Crim. 12 oct. 1972, n° 72-92.272, *Bull. crim.* n° 285 ; Crim. 10 juill. 1974, n° 74-09.369, *Bull. crim.* n° 253. V. HERZOG-EVANS, M., *Droit de l'exécution des peines,* Dalloz, coll. Dalloz Action, 6ème édition, 2023/2024, pp. 67-72.

de nature à porter atteinte aux intérêts de la justice »[1]. Cette publicité des débats remplit également un rôle pédagogique en ce qu'elle permet de dissuader de potentiels futurs délinquants de passer à l'acte[2].

146. La publicité de la décision comme peine. La transparence s'étend également aux décisions de justice. En France comme au Canada, celles-ci sont publiées, consultables aux greffes ou sur des bases de données ouvertes. Certaines peines peuvent même comporter une dimension de publicité, comme le prévoit le Code pénal français aux articles 131-10 à 131-39. La publicité de la décision, par voie d'affichage ou de diffusion par la presse écrite ou tout autre moyen de communication au public par voie électronique[3] (art. 131-35 CP), résulte d'une peine complémentaire spécialement visée par le texte d'incrimination de l'infraction[4], ou prononcée à titre de peine principale par les juges (art. 131-11 CP). Au Canada, bien que l'accès au casier judiciaire soit relativement encadré, nombre d'informations sont néanmoins accessibles aux employeurs, administrations ou organismes internationaux, d'une part, mais aussi au grand public (SOQUIJ)[5], surtout en l'absence de suspension du casier.

147. La médiatisation du procès pénal. À cette transparence institutionnelle s'ajoute la reconnaissance du droit à l'information et de la liberté d'expression. En France, la jurisprudence du Conseil constitutionnel

---

[1] Art. 6§1 Conv.EDH. V. *Ibid,* HERZOG-EVANS.

[2] V. *Ibid,* LEMASSON, §224.

[3] Crim. 10 sept. 2014, n°13-82.424. Depuis la loi n°2011-525 du 17 mai 2011, l'affichage et la diffusion peuvent se cumuler.

[4] Crim. 28 mai 2013, n°12-84.281 ; Crim. 9 mars 2016, n°14-88.126 ; Crim. 21 juin 2016, n° 15-83.485.

[5] V. *supra.*

reconnaît à l'article 11 de la Déclaration des droits de l'homme et du citoyen (DDHC) une valeur constitutionnelle à la liberté d'expression, laquelle inclut la liberté d'informer sur des affaires judiciaires d'intérêt public. Au Canada, l'article 2(b) de la Charte protège cette même liberté, et la Cour suprême a réaffirmé à de nombreuses reprises que le public a un droit légitime d'être informé du déroulement des procès pénaux (*Dagenais c. Société Radio-Canada*, [1994] 3 RCS 835). Cette liberté journalistique contribue à la médiatisation massive de certaines affaires pénales, particulièrement celles qui suscitent un fort retentissement émotionnel dans la société, comme les affaires de terrorisme ou de violences sexuelles. Le procès de Mazan – aussi appelé affaire Pelicot - en France en est une illustration toute récente : largement couvert par la presse, il a ravivé le débat public sur les modalités de traitement des infractions sexuelles.

148. Repenser les contours d'un oubli numérique. Cette visibilité généralisée, pourtant conforme aux exigences démocratiques de la justice pénale, crée un effet paradoxal. Même lorsqu'une condamnation est ultérieurement effacée ou réhabilitée juridiquement, sa persistance dans l'espace public – par les articles de presse, les archives numériques, ou les bases de données judiciaires ouvertes – en compromet l'oubli réel. Le droit à l'oubli se heurte ainsi, dès son origine, à une justice fondamentalement conçue pour être vue, commentée et mémorisée.

B. Penser un droit à l'oubli à l'épreuve du numérique

149.Des solutions du droit positif dépassé. La réhabilitation judiciaire ou légale, en droit français, interdit en principe de faire état d'une condamnation effacée (art. 133-11 et 133-16 CP). Toutefois, cette interdiction, efficace dans l'espace juridico-institutionnel, ne suffit plus à faire barrage à la mémoire numérique. Articles de presse archivés en ligne, décisions judiciaires non anonymisées, moteurs de recherche, réseaux sociaux : autant d'espaces où les traces d'une condamnation peuvent persister, malgré leur effacement juridique. Ce phénomène consacre une nouvelle forme de stigmatisation numérique, invisible mais durable, qui outrepasse les effets traditionnels de la réhabilitation.

150.Les solutions du droit européen. Le droit européen s'est progressivement saisi de cette problématique. Dans l'arrêt *Wegrzynowski et Smolczewski c. Pologne*[1], la CEDH a reconnu que le maintien en ligne d'articles relatant des condamnations anciennes pouvait, dans certains cas, porter atteinte à la vie privée et à la réputation[2]. Mais elle a refusé de consacrer une obligation générale de suppression, considérant que le droit à l'information et à l'archivage pouvait primer. Elle adopte une position similaire dans *Fuchsmann c. Allemagne*[3], soulignant que l'atteinte à la réputation ne justifie pas automatiquement le retrait des contenus en ligne[4]. En revanche, dans le récent arrêt *Biancardi c. Italie*[5], la Cour franchit un cap : elle estime que le directeur d'un journal en ligne a l'obligation de retirer un article mentionnant une affaire judiciaire non actualisée,

---

[1] CEDH, *Wegrzynowski et Smolczewski c. Pologne*, 16 juill. 2013, req. n° 33846/07.
[2] *Ibid*, par. 24. Les demandeurs font ici référence à l'article 8 de la Conv.EDH.
[3] CEDH, *Fuchsmann c. Allemagne,* 19 oct. 2017, req. n°71233/13.
[4] V. LAVRIC, S., « Vie privée : conventionnalité du refus de retrait d'un article de presse », *D. actu.,* 3 nov. 2017.
[5] CEDH, *Biancardi c. Italie,* 25 nov. 2021, req. n°77419/16.

surtout lorsque celle-ci concerne une personne non condamnée, ou réhabilitée[1]. L'absence de mise à jour ou de contextualisation porte atteinte à la réputation de l'intéressé et viole l'article 8 de la Convention.

En droit interne, la Cour de cassation transpose la jurisprudence européenne et, à l'occasion d'un arrêt de 2016[2], admet qu'un article de presse ancien peut être déréférencé si l'information nuit de manière disproportionnée à la vie privée. Elle va plus loin encore dans un arrêt récent de 2021[3], en considérant que le maintien d'un article en ligne mentionnant une condamnation réhabilitée peut justifier sa suppression, en application combinée des articles 133-16 du Code pénal et 9 du Code civil.

151. Quelles solutions envisageables ? Si ces décisions ouvrent la voie à une forme de droit à l'oubli numérique, elles restent tributaires d'un contrôle de proportionnalité au cas par cas. Pour rendre ce droit effectif, plusieurs pistes devraient être envisagées : application systématique du déréférencement en cas de réhabilitation[4], création d'un effacement automatique des traces numériques de la condamnation ordonné par les juridictions pénales concomitamment au prononcé d'une mesure de clémence,

---

[1] La CEDH apprécie ici la proportionnalité de l'atteinte portée et des intérêts en jeux au regard notamment de la sensibilité des données dont il est question, et retient que les informations ayant trait à une procédure pénale sont par nature sensibles et justifie la sanction prononcée à l'encontre du requérant (directeur d'un journal).

[2] Civ. 1re, 12 mai 2016, n° 15-14.164.

[3] Civ. 1re, 17 févr. 2021, n° 19-21.138.

[4] Sur le modèle du déréférencement numérique consacré notamment depuis le célèbre arrêt CJUE, *Google Spain SL, Google Inc. c. Agencia Española de Protección de Datos, mario Costeja González,* 13 mai 2014, C-131/12.

ou encore obligation légale d'anonymisation des articles et décisions afin d'assurer le respect de la vie privée de l'auteur comme de la victime, mais également sauvegarder des chances de réinsertion réelles au réhabilité. Ces outils pourraient découler d'une extension de l'application du Règlement Général sur la Protection des Données[1] – dit « RPGD » - , ou de la directive européenne adoptée parallèlement en 2016[2] et visant la réglementation de la protection des données dans le secteur de la « police » et de la « justice », dans un contexte de lutte contre le terrorisme et la grande criminalité, qui s'appliquerait à un domaine infractionnel plus large englobant notamment la délinquance sexuelle, en ce qu'il n'apparait pas pertinent d'opérer une spécification des outils d'effacement numérique en l'espèce. Il serait envisageable d'introduire une obligation pour les éditeurs ou hébergeurs de retirer ou actualiser les contenus mentionnant une condamnation réhabilitée, sur le modèle du droit de rectification. Seule une approche globale et articulée, à la croisée du droit pénal, du droit des données personnelles et de la régulation numérique, permettra de dépasser le simple effacement du casier pour restaurer une véritable possibilité d'oubli dans un monde interconnecté et globalisé.

---

[1] Règlement (UE) 2016/679 du Parlement européen et du Conseil du 27 avril 2016 relatif à la protection des personnes physiques à l'égard du traitement des données à caractère personnel et à la libre circulation de ces données, et abrogeant la directive 95/46/CE (règlement général sur la protection des données), *OJ.,* L 119 du 4 mai 2016, p.1.

[2] Directive 2016/680/UE du Parlement européen et du Conseil du 27 avril 2016 relative à la protection des personnes physiques à l'égard du traitement des données à caractère personnel par les autorités compétentes à des fins de prévention et de détection des infractions pénales, d'enquêtes et de poursuites en la matière ou d'exécution de sanctions pénales, et à la libre circulation de ces données, et abrogeant la décision-cadre 2008/977/JAI du Conseil, *O.J.*, L 119 du 4 mai 2016, p. 89-131.

§2 : L'oubli face à l'internationalisation de la lutte contre le crime

152. Quand internationalité et impossibilité riment en matière d'oubli pénal. Face à l'internationalisation de la répression du crime, l'oubli en matière pénale s'efface au profit d'une coopération policière et judiciaire renforcée à l'échelle européenne et mondiale (**A**). Dans la balance des intérêts en jeu, la protection des populations à l'échelle internationale et la sécurité mondiale renversent sans conteste un oubli même affirmé comme principal contributeur d'une réinsertion réussie, elle-même garante d'une désistance pérenne. C'est ainsi que l'oubli risque encore de reculer face à la mise en place d'outils juridiques aux capacités et conséquences mémorielles toujours accrues : la centralisation des données au niveau supranational appelle de nouveaux efforts en matière d'oubli et d'effacement supranational (**B**).

A. L'effacement entravé par une entraide transnationale

153. L'exceptionnalisme de la coopération internationale. L'internationalisation de la lutte contre la criminalité, notamment depuis les années 2000, a profondément transformé les logiques de gestion et de partage des données. Le développement de l'entraide pénale transnationale repose désormais sur des mécanismes de transmission et de conservation des données pénales qui s'articulent mal avec le droit à l'oubli. Par exemple, si, en France, la réhabilitation – légale ou judiciaire – interdit de faire état d'une condamnation réhabilitée[1], cette règle ne s'impose pas aux autorités étrangères qui, dans le cadre de conventions bilatérales ou d'accords multilatéraux, peuvent accéder aux condamnations françaises, y compris réhabilitées. Le droit de l'Union européenne et les instruments internationaux renforcent cette dynamique. La décision-cadre 2009/315/JAI[2] relative à l'organisation et au contenu de l'échange d'informations extraites du casier judiciaire entre États membres prévoit que les condamnations doivent être transmises entre autorités nationales, indépendamment du fait qu'elles aient été réhabilitées dans l'État de condamnation. Ainsi, l'idée même d'oubli dans ce contexte s'en retrouve fortement affaiblie au profit d'une logique de mise en commun des données au nom de la prévention du risque criminel.

154. La transmission des information. La mise en commun d'information à échelle internationale passe désormais par des systèmes automatisés et centralisés tels que peut l'être le Système d'Information Schengen de deuxième génération (SIS II)[3], qui contient des

---

[1] Art. 133-11 et 133-16 CP. V. *supra.* Partie 2 ; Chapitre 2 ; Section 2 ; §1 ; B.

[2] Décision-cadre 2009/315/JAI du Conseil du 26 février 2009 concernant l'organisation et le contenu des échanges d'informations extraites du casier judiciaire entre les Etats membres, *JOUE,* 7 avr. 2009, L.93/23.

[3] Décision 2007/533/JAI du Conseil du 12 juin 2007 sur l'établissement, le fonctionnement et l'utilisation du système d'information Schengen de deuxième génération (SIS II) ; Règlement (CE) n°1987/2006 du Parlement européen et du Conseil du 20 décembre 2006 sur l'établissement, le fonctionnement et l'utilisation du système d'information Schengen de deuxième génération (SIS II). Le SIS est un base de données dont l'objectif est d'assurer un niveau de sécurité élevé au sein des Etats Schengen en l'absence de contrôles aux frontières internes et permet dans ce but aux autorités nationales

signalements judiciaires émis à l'ensemble des Etats membres, sans mécanisme clair de retrait automatique après effacement national pour autant[1], compromettant toute notion d'oubli à cette échelle. De même, à l'échelle mondiale, les notices rouges d'Interpol[2], utilisées pour les demandes d'arrestation internationale, peuvent continuer à circuler malgré une annulation nationale de la condamnation, sauf si l'État demandeur initie une démarche formelle de retrait, ce qui est rarement automatique.

---

compétences (police, douane, garde-frontière etc) de saisir et consulter des signalements concernant des personnes ou des objets. Il est composé d'un système central (« SIS II central ») et d'un système national (« N.SIS II » ») dans chaque Etat membre, chaque système de donnée national étant relié au SIS II central. En France, le N.SIS II est placé sous l'autorité de la direction générale de la police nationale du ministère de l'intérieur. V. CNIL, V° « SIS II : Système d'information Schengen II », 17 oct. 2016. [En ligne] Accessible à : https://www.cnil.fr/fr/sis-ii-systeme-dinformation-schengen-ii.

[1] Les signalements introduits au SIS II concernant les ressortissants des pays tiers ne sont « conservées que pendant le temps nécessaire à la réalisation des objectifs pour lesquels ils ont été introduits », et un examen de la nécessité de les maintenir est réalisé dans les trois ans à compter de leur introduction, mais aucune de ces dispositions n'assurent un réel mécanisme de retrait automatique effectif, ni de véritable durée de conservation maximale.

[2] « *Une notice rouge est une demande adressée aux services chargés de l'application de la loi du monde entier à l'effet de localiser une personne et de procéder à son arrestation provisoire dans l'attente de son extradition, de sa remise ou d'une mesure similaire conforme au droit.* ». L'importance du respect de la vie privée est reconnue officiellement par l'adoption en 1974 d'une résolution « Caractère confidentiel des renseignements », puis actuellement par le Règlement sur le traitement des données (RTD) adopté par l'Assemblée générale de l'Organisation en 2011 et entrée en vigueur en juillet 2012. V. site d'Interpol : https://www.interpol.int/fr/Notre-action/Notices/Notices-rouges/Voir-les-ntices-rouges.

155. Une inefficacité des mécanismes internes en droit international. En pratique, l'effacement national d'une condamnation peut donc ne produire aucun effet dans les échanges transfrontaliers, ce qui vide de son sens l'objectif de réinsertion. Le droit à l'oubli pénal, pourtant consacré sur le plan interne, est ici relativisé par une logique de transparence sécuritaire à l'échelle internationale, dans laquelle l'information judiciaire circule plus librement que les droits qui devraient l'encadrer.

B. ECRIS, vers un casier judiciaire européen centralisé ?

156. La centralisation des casiers judiciaires à l'échelle européenne. Cette nouvelle gestion des antécédents judiciaires à l'échelle européenne s'incarne principalement dans le Système européen d'information sur les casiers judiciaires (ECRIS), institué par la décision-cadre 2009/316/JAI[1], complétée par le règlement (UE) 2019/816[2]. Ce dispositif a pour objectif d'harmoniser la transmission des extraits de casier entre les États membres et de constituer une base de données européenne fiable pour la prévention de la récidive, la coopération policière et le contrôle des antécédents dans le cadre de certaines

---

[1] Décision du Conseil 2009/316/JAI du 6 avril 2009 relative à la création d'un système européen d'information sur les casier judiciaires (ECRIS), en application de l'article 11 de la décision-cadre 2009/315/JAI, *JOUE*, 7 avril 2009, L.93/33.

[2] Règlement (UE) 2019/816 du Parlement européen et du Conseil du 17 avril 2019 portant création d'un système centralisé permettant d'identifier les Etats membres détenant des informations relatives aux condamnations concernant des ressortissants de pays tiers et des apatrides (ECRIS-TCN), qui vise à compléter le système européen d'information sur les casier judicaires, et modifiant le règlement (UE) 2018/1726, *JO L 135* du 22 mai 2019, p. 1-26.

fonctions sensibles (par exemple, le travail auprès de mineurs). Si ECRIS ne constitue pas encore un casier judiciaire « unique » au sens strict, son fonctionnement repose sur une logique de mutualisation des condamnations nationales, assortie d'un identifiant européen unique (ECRIS-TCN)[1] pour les ressortissants de pays tiers. La France, comme les autres États membres, doit transmettre les condamnations de ses ressortissants aux autorités de l'Union, y compris lorsqu'elles ont été effacées ou réhabilitées, si la réglementation nationale ne prévoit pas expressément une limitation.

157. Une carence préjudiciable en matière de mécanismes d'effacement. Le problème majeur, du point de vue du droit à l'oubli, réside dans l'absence de mécanisme automatique d'effacement ou d'actualisation des données transmises à ECRIS à la suite d'une réhabilitation nationale. L'article 5 de la décision-cadre 2009/315/JAI impose la mise à jour des condamnations, mais ne précise ni délai, ni modalités contraignantes. En outre, la CJUE, dans l'affaire *GC e.a. c. Commission nationale de l'informatique et des libertés* (CNIL) en 2019[2], a reconnu que le traitement de données pénales dans un objectif de sécurité peut justifier leur conservation, même après réhabilitation, dès lors qu'un intérêt public prépondérant le justifie.

158. De la réhabilitation nationale à la condamnation perpétuelle internationale, une ineffectivité des mécanismes nationaux à l'échelle supranationale. Ce cadre juridique place les individus

---

[1] V. *ibid.*

[2] CJUE, l'affaire *GC e.a. c. Commission nationale de l'informatique et des libertés* (CNIL), 24 sept. 2019, C-136/17.

réhabilités dans une situation paradoxale : juridiquement « effacés » au niveau national, ils peuvent demeurer fichés dans un système européen, voire au-delà, ce qui contrevient à l'objectif de réinsertion et prolonge les effets de la stigmatisation. La question de l'instauration d'un droit à l'oubli pénal européen effectif, doté de mécanismes d'effacement et de notification automatique aux États membres, reste aujourd'hui entière. À défaut, l'Europe pénale risque de produire une mémoire judiciaire permanente, incompatible avec la finalité réparatrice de la peine.

CONCLUSION

159. Constat d'un droit à l'oubli inégal et partiellement inefficace. L'étude comparée des systèmes français et canadien révèle les limites persistantes d'un droit à l'oubli réellement effectif. Bien que la réinsertion soit proclamée comme finalité de la peine, les dispositifs censés en permettre la mise en œuvre — principalement la réhabilitation en France et la suspension du casier au Canada — demeurent partiels, inégalitaires et peu protecteurs. Loin d'effacer durablement le stigmate pénal, ils prolongent souvent la mémoire judiciaire, y compris pour des individus ayant purgé leur peine et cessé toute activité délictueuse. Le passé judiciaire continue ainsi de produire des effets dans la sphère sociale et professionnelle, en contradiction avec l'objectif de réinsertion.

160. La stigmatisation secondaire des auteurs d'infractions sexuelles. Ce constat est d'autant plus alarmant s'agissant des auteurs d'infractions sexuelles qui font l'objet d'un traitement spécifique et particulièrement rigide dans l'application notamment des mécanismes d'effacement du passé pénal. Dans les deux systèmes juridiques, français et canadiens, ces infractions – pourtant de droit commun – sont soit, catégoriquement exclues, partiellement ou totalement, soit rendues plus difficilement éligibles aux mesures d'effacement par la multiplication de conditions (surtout d'ordre temporel) particulièrement difficiles à satisfaire. Or, les données empiriques montrent pourtant que les auteurs d'infractions sexuelles ne comptent pas parmi les profils les plus récidivistes. La stigmatisation institutionnelle dont ils font l'objet ne repose donc pas toujours sur des fondements criminologiques objectifs, mais semble plutôt répondre davantage à une logique de réponse institutionnelle à l'émotion publique et de condamnation morale de mœurs aujourd'hui devenues fort heureusement intolérables. Si la justice refuse d'accorder l'oubli à ces auteurs, est-ce parce qu'elle considère qu'ils constituent une catégorie distincte des autres auteurs d'infractions, une catégorie d'individus pourtant autrement insérés dans la société mais dont le comportement déviant et irrémédiable contraint les autorités à exercer une répression d'autant plus sévère et empreinte d'un doute permanent ? Les auteurs d'infractions sexuelles sont-ils des êtres radicalement extérieurs à la norme sociale, définitivement dangereux, des prédateurs nés, biologiques, incapable de rédemption, ou bien, sont-ils, au moins en partie, les produits d'un système encore éminemment imprégnées de normes patriarcales ayant longtemps toléré, banalisé, voire encouragé certaines formes de violence sexiste ? Une réponse éclairée supposerait un dialogue approfondi entre le droit, la sociologie, la criminologie et la psychologie comportementale. Mais en droit pénal, tout l'enjeu ici de cette interrogation réside précisément dans la manière dont la justice choisit de traiter ces auteurs particuliers à la lumières de ces dernières considérations de natures scientifiques diverses. Devrait-on, en droit pénal, consacrer un régime dérogatoire propres aux auteurs d'infractions sexuelles, les ériger dans le système répressif en parias irrécupérables ? Les droits positifs tant français que canadien semblent tenter de trouver un compromis dans la fermeté avec laquelle ils traitent de ces infractions de droit commun pour lesquelles leurs auteurs continuent de bénéficier de droits et de garanties reconnues à tout sujet de droit.

161. La stigmatisation à l'épreuve de la prévention de la récidive sexuelle. Ce traitement différencié, qui consiste à exclure certaines infractions du bénéfice d'un oubli pénal pourtant nécessaire, en raison de leur nature, mine la cohérence d'une recherche active de moyens efficaces de prévenir la récidive. En renforçant la stigmatisation, sans nécessairement améliorer la protection des victimes, l'hypertrophie mémorielle des systèmes judiciaires ne contribue-t-elle pas, au contraire, à un risque de récidive accru que pourraient combattre des mécanismes d'effacement à vocation réintégrative ? Une réforme en profondeur s'impose peut-être, fondée sur des bases solides d'individualisation des mécanismes d'effacement, d'évaluation rigoureuse des risques, et une prise en compte lucide de la dimension sociale et genrée des infractions sexuelles.

162. Pour une refonte des mécanismes d'oubli à l'aulne d'une perspective comparée franco-canadienne. Au regard des limites structurelles du système français de réhabilitation, il apparaît nécessaire de repenser en profondeur les conditions d'accès à l'effacement du passé pénal. La procédure actuelle, fondée sur des délais fixes et impersonnels (articles 133-12 à 133-17 du Code pénal), ne répond ni aux impératifs de réinsertion immédiate, ni à la diversité des trajectoires post-pénales. Le système canadien, plus sévère encore quant aux modalités d'accès à la suspension, permet de rassurer l'opinion publique en assurant, par un maintien du casier mis à l'écart pour un temps, la sécurité publique. Peut-être serait-il alors envisageable de construire un modèle hybride, combinant les atouts des deux systèmes en vue d'assurer une protection plus équilibrée entre la réinsertion de l'individu et la préservation de la sécurité publique. Il s'agirait, dans un premier temps, de supprimer le délai préalable à la demande de réhabilitation afin d'en permettre la demande dès la fin de l'exécution dans la peine. En effet, ce changement reconnaîtrait que les besoins de réintégration sociale naissent au moment même où la sanction est purgée, et non plusieurs années après. La réhabilitation demeurerait subordonnée à un examen judiciaire rigoureux, tenant compte de la personnalité de l'auteur et de ses efforts en vue de sa réinsertion, au titre d'un régime plus proche de celui de l'octroi d'une libération conditionnelle (arts. 729 à 733 CPP). En parallèle, il serait opportun d'introduire une mesure d'occultation temporaire des condamnations des bulletins n°2 et 3 du casier judiciaire, en application du système canadien de suspension du casier aux conséquences préexistantes de la réhabilitation judiciaire française, afin d'écarter les condamnations de la consultation par les employeurs et administrations, tout en les maintenant, pour une durée déterminée, à la disposition des autorités judiciaires en cas de récidive ou réitération. Cela offrirait un protection immédiate contre la stigmatisation socio-professionnelle, notamment dans l'accès à l'emploi, au logement ou à la formation, tout en maintenant les exigences de sécurité. Pourraient néanmoins être écartées, de façon encadrée, les infractions sensibles : ce nouveau mécanisme pourrait comporter des exceptions ciblées notamment lorsque les postes visés impliquent un contact avec des mineurs ou des personnes vulnérables, au regard de la nature, de la gravité et des circonstances de l'infraction commise et de la personnalité de son auteur. Dans ces cas, l'occultation serait soumise à une évaluation individualisée du risque. Cette logique de pondération éviterait ainsi de généraliser une exclusion totale, tout en préservant l'intérêt des tiers. Enfin, ce double mécanisme pourrait déboucher sur un effacement automatique différé — après 5 à 10 ans sans nouvelle infraction — permettant de consacrer une forme de confiance normative dans la désistance. Ce modèle à temporalité variable, fondé sur la progressivité, l'individualisation et la sécurité, permettrait de réconcilier les exigences de protection avec la reconnaissance d'un véritable droit à l'oubli réintégratif.

INDEX ALPHABÉTIQUE

Les numéros indiqués renvoient aux paragraphes. Figurent entre parenthèses () les occurrences notables dans les notes de bas de page.

A

Absolution : **31,** 120, **121**
- *inconditionnelle* : 118, **119**
- *conditionnelle* : (27), 120

Accessibilité : 21, **28**, 43, 109
Actes criminels : **26**
Agression sexuelle : 3, **4**, **26**, 31, **33,**
Assurances, 32, **35**, 36
Atteinte sexuelle : **3, 4,** 5, 29, (31), **46,** (47)
Automaticité: **27**, 29, 45, 50, **73**, 74, **87,** 94, **96**, 97, 98, 102, **106, 108,** 109, 110, **114, 115, 118,** 119, **120**, 122, 124

B

Bertillonnage : **26, 63**
Bulletin : **21,** (25), **28, 29,** 36, **39, 115**, 136, 162

C

Casier judiciaire : 18, **19**, 20, **21**, **22**, 23, 25, **26**, 27, **28, 32,** 36, 38, **39**, 41, 43, 44, 59, 82, (103), 107, 108, **109**, **116**, 118, **119**, 136, 146, 153, **156**
Conservation : 1, 8, 73, (81), 86, **87**, 88, **89**, 90, 107, **108**, 122, 153, 157

D

Dangerosité : 5, 17, 18, (25), 41, 45, **47**, 51, **53,** 55**, 56, 57, 58**, 60, 74, 76, 77, 85, 85, 88, 113, 115
Décentralisation :**15**
- *(Voir) fédéralisme*
- *centralisation* : 36, 152, **156**

Déchéance : **25, 29,** 46, 54, 104, 117
Déclaration sommaire : **26**
Dispense d'inscription : **24**

Droit à l'oubli : 1, 2, 5, **12,** 13, **14**, 15, 61, 62, 68, **73**, 86, **90**, 92, 94, **127**, **135, 142,** 143, **148**, 149, **151**, 153, 155, **157**, 158, **159**, 160

E

Effacement : 6, 12, 13, 15, 29, **73**, **133**
- *automatique* : **96, 97**, 98, 101, 105, **106**, 108, **115**, 118, **124**, 151, 162
- *volontaire* : 118, 120, 124, 126, 127, 131, **132, 133, 136,** 139, **162**

Emploi : (31), 38, **39**, 40, 42, **133**, 136, 140, 162
Empreintes génétiques : **70**
- *empreintes digitales* : **26**, 89

Entraide pénale : **153**

F

Fichiers : 10, 40, **59**,**60, 63,** 64, 65, **71**, 72, **77, 78, 79**, 82, **83, 85**, 87, 119, 137
FIJAIS : (2), **40, 56,** (60), (64), **70, 71, 72, 73,** 76, 79, 85, 87, 89, **140**
Fédéralisme : 15, (22), **26**, **39, 66,** 67, **68,** 74, **137**

G

Gravité : 4, 7, 26, 29, 45, **58**, 89, **112, 113**

I

Incapacité : 25, 29, 40, **41**, **42**, 46, 54, 55, **57**, 100, 104, 117
Informations : 1, 8, 14, 22, **24**, 6, 28, 60, 63, **72**, **73**, **80**, 81, **83**, 85, **87**, 106, 107, 108, 116, 119, 122, 137, 140, 144, 147, **155**, 156, **157**
- *(ou données) à caractère personnel* : 12, **24,** 26, 28, **60**, **72, 80,** 151, 152

Infraction sexuelle (*Voir*) :
- *agression sexuelle*
- *viol*
- *atteinte sexuelle*

Infractions mixtes : **26**
Interdictions : **29**, **46**, 49, **50**, 52, 55, 104, 117
Internationalisation: **153, 154**

L

Libertés fondamentales : 14, 42, 53, **59**, 63, 80
Logement : **41**, 163

M

Médiatisation : **148**
Mesures de sûreté : 8, 44, **54**, **55**, 56, 57
Mise en accusation : **26**, 52, 122, 128

N

Non-inscription : **27, 28, 29, 30, 31**
Numérique : 1, **10**, 14, **46,** 81, **144**, **145,** 146, 147, 148, **149, 150, 152**

O

Obligation *(de moyen ou de résultat)* : **57, 94**

P

Peine : 1, 8, **9**, (11), 12, 19, 29, 30, 31, 33, **34**, **35**, 36, 42, 44, 45, **46, 47, 49, 51,** 52, **54**, 55, **56**, 57, 82, 83, 85, (89), 95, **100**, 101, 102, **112, 113,** 128, **132**, 136, **147**, 160
Preuve : **36, 77**, 79, **81**, 82, 84, **87**, **132, 133**
Prévention : 5, 8, **10**, 13, **14**, 16, **17**, 18, 20, 36, 42, 45, 46, (47), 48, 51, 52, 53, 54, **55**, **56**, 60, 61, 67, 70, **77**, 78, 86, **92**, 154, 137, **162**
Publicité : 72, 136, 144, **145, 146, 147**

R

Récidive: **11**, 17, 20, **33**, 34, **35**, **36**, **37,** 41, **47**, 54, 55, 56, **58, 74, 75**, **78,** 79, 82, 86, 101, 102, **103, 104, 105, 113,** 114, **120, 123,** 136, 157, 162
Réhabilitation : 17, 18, 22, 73, 76
- *légale* : **98**, **99, 100**, 101, 102, **103**, 104, **105**, 107, 109, 110, **111, 112, 113**, 114, **115, 116,** 117, **118, 120, 121**
- *judiciaire* : **126, 128,** 130, **131, 132,** 136, **137**, 138, 139, 150, 158, **159,** 160, 163

Réinsertion : 1, 6, 13, 14, **18**, 20, 23, 27, 32, 34, **41**, 42, 48, 52, 61, 92, 98,

102, 109, 124, **125**, 126, 127, 128, 131, 132, **133, 134**, 140, 153, 156, **160, 163**

S

Sécurité publique : 1, 5, 13, 14, 17, **39**, **42, 65,** 109, 125, 134, 145, 153, 158, **163**
Séparation des pouvoirs : **60**
Stigmate : **9,** 17, **19, 95, 145,** 160
Stigmatisation : **8, 10,** 11, **14**, 16, **18,** 19, 20, 27, **43, 44, 59,** 89, 95, 102, 109, 124, 136, **150,** 159, **161, 162**
Surveillance : **17**, 25, **44,** 47, **54,** 55, **85,** 86, 92

T

TAJ : (64), (65), 83, **84, 88,** 90
Transparence : 13, **25,** 26, **107, 144,** 145, **147,** 148, 156

V

Victime : 2, 3, 4, **5**, **6,** (7), 14, 30, 46, 54, 59, **61**, 74, 86, 92, 109, 138, 152, 162
Vie privée : 1, 14, 63, **65, 72,** 76, **89**, 90, 91, 109, 146, **151**, 152
Viol : 2, **4**, 29, 30, 55, 112

PRINCIPALES DÉCISIONS

Europe :

- Cour européenne des droits de l'homme

CEDH, *Delcourt c. Belgique,* 17 janv. 1970, req. n° 2689/65.
CEDH, *Pretto c. Italie,* 8 déc. 1983, req. n°7984/77.
CEDH, *Leander c. Suède*, 26 mars 1987, req. n°9248/81.
CEDH, *Borgers c. Belgique*, 30 oct. 1991, req. n° 12005/86.
CEDH, *Rotaru c. Roumanie*, 4 mai 2000, req. n°28341/95.
CEDH, *S. et Marper c/ R-U*, 4 déc. 2008, req. n° 30562/04 et 30566/04.
CEDH, *Khider c. France*, 9 juillet 2009, req. n° 39364/05.
CEDH, *M. B. c. France,* 17 déc. 2009, req. n°22115/06.
CEDH, *Gardel c. France*, 17 déc. 2009, req. n°16428/05.
CEDH, *B. c. France*, 17 déc. 2009, req. n°5335/06.
CEDH, *M. K. c. France*, 18 avr. 2013, req. n° 19522/09.
CEDH, *Wegrzynowski et Smolczewski c. Pologne*, 16 juill. 2013, req. n° 33846/07.
CEDH, *Aycaguer c. France*, 22 juin 2017, req. n° 8806/12.
CEDH, *Fuchsmann c. Allemagne,* 19 oct. 2017, req. n°71233/13.
CEDH, *Biancardi c. Italie,* 25 nov. 2021, req. n°77419/16.
CEDH, *Ghaoui c. France,* 16 janv. 2025, req. n°49526/15.

- Cour de justice de l'Union européenne

CJUE, *Google Spain SL, Google Inc. c. Agencia Española de Protección de Datos, mario Costeja González,* 13 mai 2014, C-131/12.

CJUE, *GC e.a. c. Commission nationale de l'informatique et des libertés* (CNIL), 24 sept. 2019, C-136/17.
CJUE, 26 janv. 2023, aff. C-205-21.
CJUE, 30 janv. 2024, aff. C-118-22.

France :

- Conseil constitutionnel

Cons. const., 3 septembre 1986, n°86-215.
Cons. const., 18 janv. 1995, n° 94-352.
Cons. const. 22 juillet 2005, n°2005-520.
Cons. const. 16 sept. 2010, n°2010-25 QPC.
Cons. const., 22 mars 2012, n°2012-652.

- Cour de cassation

Crim. 12 févr. 1963, n° 62-90.725.
Crim. 12 oct. 1972, n° 72-92.272.
Crim. 20 févr. 1973, n°72-91.270.
Crim. 23 juin 2004, n° 03-87.647.
Crim. 22 juin 2005, n°05-81.247.
Crim. 10 nov. 2009, n°09-82.368.
Crim. 8 août 2012, n°12-90.037.
Crim. 28 mai 2013, n°12-84.281.
Crim. 3 juin 2015, n°14-86.507.
Crim. 9 mars 2016, n°14-88.126.
Crim. 17 janv. 2018, n°17-80.402.
Crim. 28 févr. 2018, n°16-84.441.
Crim. 7 janv. 2020, n°19-80.839.
Crim. 8 déc. 2021, n°20-84.201.
Crim. 4 avr. 2024, n°23-84.520.
Crim. 23 oct. 2024, n°23-83.736.

Crim. 7 mai 2025, n° 24-82.093.

- **Conseil d'État**

CE, 11 avr. 2014, req. n°360759.

Canada :

- **Cour suprême**

CSC, *R. c. Beare,* 1er dec. 1988, 2 RCS 387.
CSC, *R. c. Higgins,* 1er déc. 1988, 2 RCS 387.
CSC, *Edmonton Journal c. Alberta (Procureur général)*, 21 déc. 1989, 2 RCS 1326.
CSC, *Therrien (Re)*, 7 juin 2001,2 RCS 35.
CSC, *Montréal (ville) c. Québec (Commission des droits de la personne et des droits de la jeunesse,* 1er août 2008, 2 RCS 698.
CSC, *R. c. Dudley*, 17 dec. 2009, 3 RCS 570.
CSC, *R. c. Ndhlovu*, 28 oct. 2022, CSC 38.

- **Cour supérieure du Québec**

CSQ, *Rozon c. La Reine*, 2 mars 1999, QCCS 11146.
CSQ, *Lapointe c. R.* 8 mars 2019, QCCS 792.

- **Cour d'appel du Québec**

QCCA, *Lapointe v. Lacroix*, 8 juil. 1981, CA 497.
QCCA, *Cordbeil-Richard c. R.,* 12 juin 2009, CA 1201.
QCCA, *R. c. Gravel*, 15 juin 2018, CA 1114.
QCCA, *R. c. Turk,* 26 févr. 2021, CA 359.

- Cour d'appel de la Colombie-Britannique

BCCA, *R. c. Fallofield,* 20 août 1973, BC 559.

- Cour du Québec

QCCQ, *R. c. Dumais,* 14 sept. 2017, QCCQ 11020.
QCCQ, *R. c. Côté-Nault*, 15 mai 2020, QCCQ 1975.
QCCQ, *R. c. Toupin,* 10 juin 2020, QCCQ 3072.
QCCQ, *R. c. Leoni,* 12 fev. 2025, QCCQ 413.
QCCQ, *R. c. Pachany,* 5 mai 2025, QCCQ 306.

BIBLIOGRAPHIE

I. Articles de dictionnaires et d'encyclopédies

GAUTRON, V., V° « Fichiers de police », *Rép. pen.*, Dalloz, 2015.

GIACOPELLI, M., V° « Casier judiciaire », *Rép. pen.*, Dalloz, 2016.

GUINCHARD, S., V° « Procès équitable », *Rép. proc. civ.*, Dalloz, 2025.

GUINCHARD, S. et **DEBARD**, T., V° « Casier judiciaire », *Lexique des termes juridiques,* 32ème éd., Dalloz, 2024-2025, p. 165.

GUINCHARD, S. et **DEBARD**, T., V° « Concours réel d'infractions », *Lexique des termes juridiques*, Dalloz, 32ème éd., 2024, p. 250.

GUINCHARD, S. et **DEBARD**, T., V° « Déréférencement de sites », *Lexique des termes juridiques,* 32ème éd., Dalloz, 2024-2025, p. 378.

GUINCHARD, S. et **DEBARD**, T., V° « Droit à l'oubli numérique », *Lexique des termes juridiques,* 32ème éd., Dalloz, 2024-2025, p. 419.

GUINCHARD, S. et **DEBARD**, T., V° « Récidive », *Lexique des termes juridiques*, Dalloz, 32ème éd., 2024, p. 906.

GUINCHARD, S. et **DEBARD**, T., V° « Réhabilitation », *Lexique des termes juridiques*, Dalloz, 32ème éd., 2024, p.934.
GUINCHARD, S. et **DEBARD**, T., V° « Réitération », *Lexique des termes juridiques*, Dalloz, 32ème éd., 2024, p.935.

HERZOG-EVANS, M., V° « Récidive », *Rép. pen.*, Dalloz, 2019.

HERZOG-EVANS, M., V° « Réhabilitation », *Rép. pen.*, Dalloz, 2024.

LEMASSON, A., « Justice internationale pénale : procédure », *Rép. pen.,* Dalloz, 2023, §224-225.

METALLINOS, N., V° « Fichier judiciaire national automatisé des auteurs d'infractions sexuelles ou violentes (FIJAIS) », Fasc. 20, *JurisClasseur Procédure pénale*, LexisNexis, 2020

MISTRETTA, P., V° « Enlèvement et séquestration, *Rép. pen.,* Dalloz, 2024.

II. Manuels et ouvrages généraux

BOULOC, B., *Droit pénal général,* Dalloz, coll. Précis, 28ème éd., 2023, 827 pp.

BOULOC, B., *Procédure pénale*, Dalloz, coll. Précis, 29ème éd., 2023, 1264 pp.

CONTE, P. et **MAISTRE DU CHAMBON**, P., *Droit pénal général*, Armand Colin, 7ème éd., 2004, 394 pp.

FORTIN, J. et **VIAU**, L., *Droit pénal général*, Les Editions Thémis Inc., coll. Notes et Documents, t. 1, 1978, 618 pp.

LETURMY, L. et **KOLB**, P., *Droit pénal général*, Lextenso, coll. Mémentos, 19e éd., 2024.

SOYER, J.-C., *Manuel de droit pénal et de procédure pénale,* Paris, L.G.D.J., 1987, 7ème éd., 386 pp.

III. Manuels et ouvrages spécifiques

BEBIN, X., *Quand la justice crée l'insécurité,* Fayard, 2013, 291 pp.

BONIS, E. et **PELTIER**, V., *Droit de la peine*, 4ème éd., LexisNexis, 2023, 880 pp.

BONNEVILLE, A., *De la Récidive ou des moyens les plus efficaces pour constater, rechercher et réprimer les rechutes de toute infraction à la loi pénale*, Cotillon, 1844, 466 pp.

DANET, J., **GRUNVALD**, S., **HERZOG-EVANS**, M., et **LE GALL**, Y., *Prescription, amnistie et grâce en France,* Dalloz, Thèmes et commentaires, 2008, 446 pp.

DUPARC, C. et **CHARRUAU**, J., *Le droit face aux violences sexuelles et sexistes*, Dalloz, coll. Thèmes et commentaires, 1ère éd., 2021, 354 pp.

DUPLE, N., *Droit constitutionnel : principes fondamentaux*, Wilson & Lafleur, 7ème éd., 2019, 862 pp.

ELEK, C., *Le casier judiciaire,* PUF, coll. Que sais-je ?, 1988, 126 pp.

FISHER, D. et **BEECH**, A., "Adult male sex offenders" in **KEMSHALL**, H. et **McIVOR**, G., *Managing Sex Offender Risk,* Jessica Kingsley Publishers, 2004.

HERZOG-EVANS, M., *Droit de l'exécution des peines,* Dalloz, coll. Dalloz Action, 6ème édition, 2023/2024, 1717 pp.

LOMAMI, S., *Impacts du casier judiciaire chez l'immigrant et l'étranger – Criminels à vie (!?),* L'Harmattan, 2022, 270 pp.

McALINDEN, A.-M., *The Shaming of Sexual Offenders. Risk, Retribution and Reintegration*, Hart Publishing, 2007, 278 pp.

MOATTI, C., et **KAISER**, W. (dir.), *gens de passage en Méditerranée de l'Antiquité à l'époque moderne. Procédures de contrôle et d'identification*, Maisonneuve et Larose, 2007, 512pp.

MERLE, R. et **VITU**, A., *Traité de droit criminel – Problèmes généraux de la science criminelle. Droit pénal général*, t.1, 7ème éd., Paris, Cujas, 1997, n°656, 1068 pp.

NIETZSCHE, F., *Considérations inactuelles*, I et II, 1974, Gallimard, coll. Folio essais, 1992, 224 pp.

PONCELA, P., *Droit de la peine*, PUF, , coll. Thémis, 2001, 500 pp.

RASSAT, M.-L., *Droit pénal spécial – Infractions du Code pénal,* Dalloz, coll. Précis, 9ème éd., 2024,

ROSTAING, C., « Processus de stigmatisation et violences en prison. De la nécessité de résister. », in LAFORGUE, D. et ROSTAING, C., *Violences et institutions. Réguler, innover ou résister ?* éd. du CNRS, 2011, pp. 155-175.

TRICOIT, J.-P., *Fiches de Culture juridique : Rappels de cours et exercices corrigés,* Ellipses, 2019, 336 pp.

VAILLY, J., *ADN policier*, PUF, coll. Sciences dans la cité, 1ère éd., 2024, 261 pp.

IV. Thèses, mémoires et monographies

BEAUSOLEIL-ALLARD, G., *Le fichage de la délinquance sexuelle : une érosion des principes de justice criminelle et punitive*, sous la direction de Hélène Dumont, Université de Montréal, 2011, 206 pp.

BOIZARD, M., **BLANDIN-OBERNESSER**, A., **CORGAS-BERNARD**, C., **DEDESSUS LE MOUSTIER**, G., **GAMBS**, S., et al., *Le droit à l'oubli*, Rapport de recherche, Mission de recherche Droit et Justice, 2015, 216 pp.

GATTO, C., *Le pardon en droit pénal*, sous la direction de Roger Bernardini, Université de Nice, soutenue en 2012.

GILLET, D., *Les instruments de lutte contre la récidive*, sous la direction de Roger Bernardini, Université Nice-Sophia Antipolis, soutenue en 2015, 518 pp.

HERRMANN, J., *Les mesures de sûreté – Etude comparative des droits pénaux français et allemand*, sous la direction de Jocelyne Leblois-Happe et Jörg Kinzig, Université de Strasbourg, thèse soutenue le 20 novembre 2015, 1029 pp.

KOENIG, S., *L'effectivité de la répression des infractions sexuelles en France et au Canada*, dir. ROBERT, M.-P. et SAINT-PAU, J.-C., Université de Bordeaux et Université de Sherbrooke, soutenue en 2021, 564 pp.

LEGER-GRESSOT, S., *L'oubli en droit pénal*, sous la direction de Christine Lazerges, Université de Montpellier 1, soutenue en 2000.

MORNET, A., *Les fichiers pénaux de l'Union européenne. Contribution à l'étude de la protection des données à caractère personnel,* Université de Toulouse, 2020.

NABAT, Y., *Fichiers de police et de justice et libertés fondamentales*, sous la direction de Virginie Peltier, Université de Bordeaux, 2023, 827 pp.

ROUSSEAU, C., *Vivre avec un statut « dangereux » : l'expérience pénale d'hommes déclarés « délinquants dangereux » ou « délinquants à contrôler »*, Faculté des études supérieures, Université de Montréal, 2015, 150 pp.

V. Rapports officiels

ASSOCIATION DES SERVICES DE RÉHABILITATION SOCIALE DU QUÉBEC, *Impacts du casier judiciaire. Dossier thématique.*, juin 2015, 12 pp.

BATHO, D. et **BENISTI**, J.-A., *Rapport d'information sur la mise en œuvre des conclusions de la mission d'information sur les fichiers de police*, Assemblée nationale, n° 1548, 24 mars 2009.

BAUER, A. et **SOULLEZ**, C., *Fichiers de police et de gendarmerie : comment améliorer leur contrôle et leur gestion ?*, Paris, La Documentation française, coll. Collection des rapports officiels, Vol. 1, 2007, 151 pp.

BAUER, A., et al., *Mieux contrôler les fichiers de police pour protéger les libertés : rapport au ministre de l'Intérieur*, Paris, La Documentation française, coll. Collection des rapports officiels, Vol. 1, 2009, 233 pp.

BERNHEIM, J.-C., **BROUSSEAU**, S., **LACHANCE**, A. et **RIENDEAU**, A., *Le casier judiciaire : Un obstacle surmontable en matière d'emploi, grâce à la collaboration des partenaires sociaux,* CCCJA et ASRSQ, 2013, 83 pp.

BONTA, J., **BOURGON**, G., **JESSEMAN**, R. et **YESSINE**, A. K., *Les rapports présentenciels au Canada,* Rapport pour spécialistes n°2005-03, Ottawa, Sécurité publique Canada, Vol. 10, n°5, 2005.

BURRICAND, C., *La récidive des crimes et délits sexuels,* Infostat Justice, n°50, 1997, pp. 1-4.

CAMERON, J., *La vie privée des victimes et la Justice ouverte 2.0 : Aux frontières du changement*, Ministère de la Justice, Division de la recherche et de la statistique, 2020, 67 pp.

CLCC, *Rapport au Parlement 2019-2020 du Programme de suspension du casier,* 2020, 22 pp.

COMITÉ CANADIEN DE LA MAGISTRATURE, *La transparence de la Justice, l'accès électronique aux archives judiciaires, et la protection de la vie privée*, Document de travail, mai 2003, 56 pp.

COMMISSARIAT À LA PROTECTION DE LA VIE PRIVÉE DU CANADA, *La GRC a contrevenu à la Loi en utilisant sans consentement certains types de renseignements de non-condamnation dans le cadre de vérifications des antécédents en vue d'un travail auprès de personnes vulnérables*, 29 mars 2021.

COMMISSION DE RÉFORME DU DROIT DU CANADA, *La classification des infractions*, Document de travail 54, 1986, 95 pp.

COTTERET, J.-M., *Les fichiers de police et de renseignement en France,* Rapport de recherche, Centre Français de Recherche sur le Renseignement (Cf2R), octobre 2017, 26 pp.

DANET, J., **GRUNVALD**, S., **HERZOG-EVANS**, M. et **LE GALL**, Y., *Prescription, amnistie et grâce en France*, Rapport final, Université de Nantes, Recherche subventionnée par le GIP « Mission Recherche Droit et Justice » (décision n°23.10.07.08), mars 2006, 450 pp.

FIZZALA, A. et **KAISER**, O., *16900 femmes victimes de violences physiques ou sexuelles enregistrées par les services de sécurité en 2023*, INSEE Flash Pays de la Loire, 7 mars 2025, n°152.

HANSON, R.K., **HARRIS**, A.J.R., **SCOTT**, T.-L. et **HERLMUS**, L., *Evaluation du risque chez les délinquants sexuels soumis à une surveillance dans la collectivité : le Projet de surveillance dynamique*, Sécurité publique Canada, 2007, 55 pp.

INSEE, *Sécurité et société,* coll. Insee Références, éd. 2021, fiche 4.4 « Récidivistes et réitérants », pp. 146-147.

INSEE, *Tableaux de l'économie française (TEF)*, coll. Insee Références, éd. 2019, fiche 3.6 « Espérance de vie – Mortalité », pp. 34-35.

LECERF, J.-R., *Rapport fait au nom de la commission des Lois constitutionnelles, de législation, du suffrage universel, du Règlement et d'administration générale (1), sur le projet de loi, MODIFIE PAR L'ASSEMBLÉE NATIONALE, relatif à la prévention de la délinquance,* Sénat, n°132, session ordinaire de 2006-2007, 20 décembre 2006, 443 pp.

LENIHAN, D., *Retrait automatisé de casiers judiciaires : Paramètres pour une approche canadienne,* Sécurité publique Canada, août 2022.

MINISTÈRE DE LA JUSTICE, *Références Statistiques Justice*, V° ch. 14 « Le traitement judiciaire dans différents contentieux », 2024, pp. 144-145.

MINISTÈRE DE LA JUSTICE DU CANADA, *Récidive dans le système de justice pénale,* Rapport « Précis des faits », 2020, pp. 1-5.

SOLLICITEUR GÉNÉRAL, *Proposition de réforme de la Loi sur le casier judiciaire,* Document explicatif du Solliciteur général du Canada, Ottawa, 20 juillet 1991.

VI. Contributions de travaux collectifs et articles de revues

ABALLACHE-ZERARI, S., « Le droit à l'oubli (droit au déréférencement), condition d'un avenir ouvert », *Revue française d'éthique appliquée,* n°10, 2020, pp. 84-98.

ALLINNE, J.-P., « Une société qui refuse d'oublier. Les techniques d'oubli malmenées, ou la défaite de Chronos », *Histoire de la justice*, n°28, 2018, pp. 75-109.

AMBROISE-CASTEROT, C., « Le FNAEG, un outil de fichage au service des enquêtes », *Cahiers Droit, Sciences & Technologies,* n°9, 2019, pp. 23-32.

BAREL, Y., « Le grand intégrateur », *Connexions*, Vol. 56, pp. 85-100.

BEAUSOLEIL-ALLARD, G., « Le fichage fédéral de la délinquance sexuelle et l'érosion des principes de justice criminelle et punitive », *Les Cahiers de droit*, vol. 54, n°1, 2013, pp. 81-113.

BEAUVAIS, P., « Le régime constitutionnel des mesures de sûreté », *RSC*, 2020, p. 619.

BEGRANGER, G., « Le contrôle des fichiers de police par les juges », *AJ pénal*, 2014, pp. 176-180.

BERANGER, R., « Le casier judiciaire », B*ulletin de la Société générale des prisons*, 27 juin 1890, pp.776-783.

BIANCHI, V., « L'effacement des fichiers ou le nouveau mythe de Sisyphe », *AJ pén.,* 2007, p.420.

BYK, C., « Le fichier national automatisé des empreintes génétiques », *Journal international de bioéthique et d'éthique des sciences*, Vol. 32 (2), 2021, pp. 45-58.

CAIRE, A.-B. « Propos introductifs » in CAIRE, A.-B. et LANTERO, C., « Le droit à l'oubli », *La Revue (Centre Michel de l'Hospital)*, n°8, sept. 2016, 74 pp.

CHAINAIS, C. et **FENOUILLET**, D., « Le droit contemporain des sanctions, entre technique et politique. Présentation et conclusions de la recherche collective », in CHAINAIS, C. et FENOUILLET, D. (dir.), *Les sanctions en droit contemporain,* vol. 1, coll. L'esprit du droit, Dalloz, 2012, p. 6.

CHAVANNE, M., « ADN, « reine des preuves », une place à redéfinir », *AJ pénal*, 2021, p. 180.

DERVIEUX, V.-O., « « Name and Shame" : publication et affichage, l'impossible droit à l'oubli ? », *Gazette du Palais*, n°09, 2016, pp. 29-32.

DESABIE, J., « L'Insee entreprend d'automatiser le répertoire des personnes », *Economie et Statistique*, n°10, 1970, pp. 69-71.

DETRAZ, S., « L'individualisation de la sanction pénale, Le point de vue du pénaliste », in HOURQUEBIE, F., et PELTIER, V. (dir.), *Droit constitutionnel et grands principes du droit pénal*, Cujas, 2013, p. 173.

DUMONT, H., « Le casier judiciaire : criminel un jour, criminel toujours ? », in POUPART, A., *Le respect de la vie privée dans l'entreprise : de l'affirmation à l'exercice d'un droit – Journées Maximilien-Caron 1995*, Montréal, Thémis, 1996, 204 pp.

FARCY, J.-C., « Le casier judiciaire au XIXe siècle », *Bulletin du Centre d'histoire de la France contemporaine* [Université de Paris X-Nanterre], n°11, 1990, pp. 5-27.

FRICERO, N., « Garanties de nature procédurale : équité, publicité, célérité et laïcité », in GUINCHARD, S., *Droit et pratique de la procédure civile*, Dalloz, coll. Dalloz Action, 11ème éd., 2024/2025, par. 312.151, pp. 1149-1155.

GAUTRON, V., « La prolifération incontrôlée des fichiers de police », *AJ pén.,* n°2, 2007, pp. 57-61

GAUTRON, V., « Une mémoire policière hypertrophiée : la fin du droit à l'oubli ? », *Les Cahiers de la Justice*, n°4, 2016, pp. 607-617.

HARDOUIN-LE GOFF, C., « Défense de l'oubli », *Les Cahiers de la Justice,* n°4, 2016, pp. 593-606.

HARVEY, M.-J., « La réforme de la *Loi sur le casier judiciaire* ou la mise au rancart ded la réhabilitation administrative des ex-contrevenants », *Canadian Criminal Law Review,* vol. 21, 2016, pp. 29-51.

HEILMANN, E., « Le désordre policier assisté par ordinateur : l'informatisation des fichiers de police en France », *Cahiers de la Sécurité,* n°56, 2005, pp. 145-165.

HOULE, F., « La zone fictive de l'infra-droit : l'intégration des règles administratives dans la catégorie des textes réglementaires », *Revue de droit de McGill,* 2001, Vol. 47, pp. 161-194.

JANUEL, P., « Vers un renforcement de la surveillance des anciens condamnés », *D. actu,* 12 novembre 2024.

LANDREVILLE, P., « Le casier judiciaire : un frein à la réinsertion sociale », in ASRSQ, *Le casier judiciaire : quand l'être humain n'est plus qu'un dossier*, Porte Ouverte, Vol. XVI, n°2, 2004, 28 pp.

LAVRIC, S., « Vie privée : conventionnalité du refus de retrait d'un article de presse », *D. actu.,* 3 nov. 2017.

LEASURE, P., « Securing private housing with a criminal record", *Journal of Offender Rehabilitation,* Vol. 58, 2019, pp.30-49.

LEBLANC, C., « Les oreilles du cœur et l'œil de la raison : penser la justice à partir de l'approche phénoménologique de la miséricorde », *Histoire de la justice*, n° 28, 2018, pp. 265-274.

LE DEVEDEC, B., « Mineurs auteurs d'infractions sexuelles : les révolutions du Code de la justice pénale des mineurs sur le discernement et la césure pénale », *Enfances & Psy*, 2021, pp. 107-114.

LETTERON, R., « Le droit à l'oubli », *Revue du droit public et de la science politique*, 1996, p.386.

MARTINELLE, M., « L'utilisation des caractéristiques génétiques dans les procédures judiciaires », *AJ Pénal*, 2018, p. 69.

MATSON, S. et **LIEB**, R., « Sex Offender Registration : A Review of State Laws », *Children's Legal Rights Journal*, n°1, 1997, pp. 22-28.

MBUNGO, R., « L'approche juridique internationale du phénomène de discrimination fondée sur le motif des antécédents judiciaires », *Revue québécoise de droit international*, 2014, pp. 59-97.

MIHMAN, A., « La réforme de la prescription de l'action publique », *Gazette du Palais*, n° 10, 2017, pp. 14-18.

MOLINER-DUBOST, M., « La condition des détenus particulièrement signalés sous les feux de l'actualité », *AJDA*, 2010, p. 994.

PADOVA, Y., «À la recherche de la preuve absolue. Réflexions sur l'utilisation de l'ADN en procédure pénale et sur le développement des fichiers d'empreintes génétiques », *Archives de politique criminelle*, n° 26, 2004, pp. 71-90.

PAMART, D., « Devant le juge, réhabilitation n'est pas amnésie », *D. actu.*, 20 mai 2025.

PUGLIESE, M., « Renforcement de la prévention d'actes de terrorisme : la loi publiée », *D. actu.*, 2021.

REBSTOCK, B., « Le droit à l'oubli en matière pénale », *Les Cahiers Portalis*, n° 33, 2016, pp. 25-32.

RIMBAULT, E., « Killing Two Birds with One Stone: Mandatory Therapy and the Prevention of Sex Crime in France », *Culture, Medicine, and Psychiatry*, Vol. 25, 2024, pp. 304-327

ROBERT, D. et **DUFRESNE**, M., « La dissolution du casier judiciaire dans les banques d'information – La nécessité de repenser la notion de casier judiciaire. » in DE GREEF, V., *Le casier judiciaire. Approches critiques et perspectives comparées*, Larcier, 2011, pp. 41-69.

ROBERT, J.-H., « La punition selon le Conseil constitutionnel », *Cahiers du Conseil constitutionnel*, n°26 (Dossier : la Constitution et le droit pénal), août 2009.

SERON, V., « Casier judiciaire et délinquance sexuelle : quelques considérations autour d'un diptyque mémoire-oubli », *Revue de la Faculté de droit de l'Université de Liège*, 2009, pp. 496-505.

SINGLETON, T.J., « La discrimination fondée sur le motif des antécédents judiciaires et les instruments anti-discriminatoires canadiens », *Revue du Barreau canadien*, vol. 72, 1993, pp. 456-495.

STEINER, B., **MAKARIOS**, M.D., et **TRAVIS**, L.F., « Examining the effects of residential situations and residential mobility on offender recidivism", *Crime & Delinquency*, Vol. 61, 2015, pp. 375-301.

TIRCHER, P. et **HEBERT**, G., « Le profil des personnes judiciarisées au Québec », *Institut de recherche et d'informations socioéconomiques*, 17 nov. 2021, 18 pp.

VENET, O., « De l'autre côté du miroir : les obstacles et les remèdes à la stigmatisation », in DE GREEF, V. et PIERET, J. (dir.), *Le casier judiciaire. Approches critiques et perspectives comparées*, Larcier, 2011, pp. 175-210.

WELSH, M. et **RAJAH**, V., « Rendering invisible punishments visible : Using institutional ethnography in feminist criminology », *Feminist Criminology*, 2014, pp. 323-343.

TABLE DES MATIÈRES

REMERCIEMENTS ....

SOMMAIRE..

PRINCIPALES ABRÉVIATIONS ET ACRONYMES..

INTRODUCTION... **15**

PARTIE 1 : UNE MÉMOIRE PENALE HYPERTROPHIÉE... **35**

CHAPITRE 1 : LES STIGMATES JUDICIAIRES D'UNE CONDAMNATION PENALE... 37

Section 1 : Le casier judiciaire comme archive active de la sanction 37

§1 : L'inscription au casier judiciaire.................. 38

A. Les conditions d'inscription..................... 41

B. Les exceptions de non-inscription 50

§2 : Les conséquences d'une inscription au casier judiciaire 58

A. Les conséquences judiciaires 58

B. Les conséquences socio-professionnelles 62

Section 2 : Sanctions pénales et stigmatisation secondaire 70

§1 : Le recours quasi systématique aux peines complémentaires 71

A. Nature et contenu des obligations et interdictions.. 72

B. Caractère obligatoire ou définitif de la peine... 76

§2 : Les mesures de sûreté, quand la prévention devient sanction 80

A. Une peine déguisée 81

B. Une sanction de la dangerosité 84
CHAPITRE 2 : FICHIERS ET DERIVE SECURITAIRE 89
Section 1 : Essor et spécialisation du fichage de la délinquance sexuelle...91
§1 : Développement et complexification du fichage 91
A. La multiplication des fichiers en France..92
B. Le double système de fichage canadien...97
§2 : Un fichage spécifique à la délinquance sexuelle 101
A. La rôle prépondérant du FIJAIS 101
B. L'adoption de la LERDS.......................105
Section 2 : Fichiers et prévention du risque, de la culpabilité à la dangerosité présumées.................... 110
§1 : L'utilisation du fichage comme outil probatoire 110
A. La preuve de la culpabilité au stade de l'enquête...110
B. L'utilisation des fichiers dans le cadre de la détermination et l'exécution de la peine 114
§2 : Du présumé coupable à la victime, les dérives d'un fichage extensif..................................117
A. La présomption de culpabilité à l'épreuve de l'effacement..118
B. Une réforme de façade face à des dérives systémiques 121
PARTIE 2 : L'EFFACEMENT D'UN PASSÉ PÉNAL STIGMATISANT 127
CHAPITRE 1 : L'AUTOMATICITE COMME CONSECRATION D'UN DEVOIR DE L'OUBLI..129
Section 1 : Le dissensus sur l'effacement automatique 129
§1 : Une automaticité consacrée en droit pénal français : la réhabilitation légale 129

A. Conditions générales d'accès à la réhabilitation légale 130
B. Augmentation dérogatoire des délais légaux en cas de récidive 134
§2 : Le rejet de l'automaticité en droit criminel canadien 136
A. Une réhabilitation légale fictive 137
B. Le retrait automatisé du casier judiciaire, une affaire à suivre ? 139
Section 2 : Les exceptions aux principes respectifs 142
§1 : Les limites de la mise en œuvre de la réhabilitation légale 142
A. L'exception criminelle à la réhabilitation légale 142
B. Une effectivité limitée 144
§2 : Les exceptions d'automaticité en droit criminel canadien 147
A. Le semi-automatisme de l'absolution après 1992 148
B. Le cas particulier des dossiers d'adolescents 150
CHAPITRE 2 : LA MISE EN ŒUVRE COMPROMISE D'UN DROIT INDIVIDUEL A L'OUBLI 155
Section 1 : La consécration d'un droit à l'oubli limité 155
§1 : Des conditions de mise en œuvre particulièrement strictes 156
A. Des délais incompatibles avec la finalité de la mesure 156
B. Vers une méritocratie de l'oubli ? 161
§2 : Les limites fonctionnelles du droit à l''oubli 164
A. Les effets limités des mécanismes d'oubli judiciaire 164

B. L'exclusion partielle des infractions sexuelles 167
Section 2 : Les défis contemporains de la mise en œuvre du droit à l'oubli 170
§1 : Oubli et justice moderne, entre transparence et permanence numérique 170
A. La justice moderne, entre transparence et permanence numérique 171
B. Penser un droit à l'oubli à l'épreuve du numérique 175
§2 : L'oubli face à l'internationalisation de la lutte contre le crime 179
A. L'effacement entravé par une entraide transnationale 179
B. ECRIS, vers un casier judiciaire européen centralisé ? 182
CONCLUSION 185

INDEX ALPHABÉTIQUE 189
PRINCIPALES DÉCISIONS 193
BIBLIOGRAPHIE 197

Structures éditoriales du groupe L'Harmattan

L'Harmattan Italie
Via degli Artisti, 15
10124 Torino
harmattan.italia@gmail.com

L'Harmattan Hongrie
Kossuth l. u. 14-16.
1053 Budapest
harmattan@harmattan.hu

L'Harmattan Sénégal
10 VDN SICAP AMITIE 3
BP 45034 Dakar-Fann
direction@senharmattan.com

L'Harmattan Cameroun
Tsinga/Derrière polyclinique FECAFOOT
BP 11486 Yaoundé
Jacques.koukam@harmattan.fr

L'Harmattan Burkina Faso
Villa 281, secteur 23 623, rue 14.32
Ouagadougou
zagbie@outlook.fr

L'Harmattan Guinée
Almamya, rue KA 028 OKB Agency
BP 3470 Conakry
harmattanguinee@yahoo.fr

L'Harmattan RDC
185, avenue Nyangwe
Commune de Lingwala – Kinshasa
matangilamusadila@yahoo.fr

L'Harmattan Congo
219, avenue Nelson Mandela
BP 2874 Brazzaville
deunovmikhael@gmail.com

L'Harmattan Mali
Immeuble Mgr Jean Marie Cissé
Aci Hamadallaye
BP 145 Bamako
syllaka@yahoo.fr

L'Harmattan Togo
Djidjole – Maison Amela
face EPP BATOME
02 BP 20680 Lomé
didieramela11@gmail.com

L'Harmattan Côte d'Ivoire
Résidence Karl – Cité des Arts
Abidjan-Cocody
03 BP 1588 Abidjan
harmattan.ivoire@gmail.com

L'Harmattan Bénin
Rue 604, (Immeuble à l'entrée
de la rue UCAO- Cite de Saint-Jean)
Cotonou
stepcorpus@gmail.com

Nos librairies en France

Librairie internationale
16, rue des Écoles
75005 Paris
librairie.internationale@harmattan.fr
01 40 46 79 11
www.librairieharmattan.com

Librairie des savoirs
21, rue des Écoles
75005 Paris
librairie.sh@harmattan.fr
01 46 34 13 71
www.librairieharmattansh.com

www.ingramcontent.com/pod-product-compliance
Lightning Source LLC
LaVergne TN
LVHW050814061126
851857LV00012B/802
* 9 7 8 2 3 3 6 6 0 4 1 4 5 *